Coleção

Governança de Dados

I0017833

ATIVOS OCULTOS

GOVERNANÇA DE DADOS ALÉM DOS BANCOS DE DADOS

Prof. Marcão - Marcus Vinícius Pinto

© Copyright 2025 - Todos os direitos reservados.

As informações fornecidas neste documento são declaradas verdadeiras e consistentes, em que qualquer responsabilidade, em termos de desatenção ou de outra forma, por qualquer uso ou abuso de quaisquer políticas, processos ou orientações contidas nele é a responsabilidade única e absoluta do leitor.

Sob nenhuma circunstância qualquer responsabilidade legal ou culpa será mantida contra os autores por qualquer reparação, dano ou perda monetária devido às informações aqui contidas, seja direta ou indiretamente.

Os autores possuem todos os direitos autorais desta obra.

Questões legais:

Este livro é protegido por direitos autorais. Isso é apenas para uso pessoal. Você não pode alterar, distribuir ou vender qualquer parte ou o conteúdo deste livro sem o consentimento dos autores ou proprietário dos direitos autorais. Se isso for violado, uma ação legal poderá ser iniciada.

As informações aqui contidas são oferecidas apenas para fins informativos e, portanto, são universais. A apresentação das informações é sem contrato ou qualquer tipo de garantia.

As marcas registradas que são utilizadas neste livro são utilizadas para exemplos ou composição de argumentos. Este uso é feito sem qualquer consentimento, e a publicação da marca é sem permissão ou respaldo do proprietário da marca registrada e são de propriedade dos próprios proprietários, não afiliado a este documento.

As imagens que estão aqui presentes sem citação de autoria são imagens de domínio público ou foram criadas pelos autores do livro.

Aviso de isenção de responsabilidade:

Observe que as informações contidas neste documento são apenas para fins educacionais e de entretenimento. Todos os esforços foram feitos para fornecer informações completas precisas, atualizadas e confiáveis. Nenhuma garantia de qualquer tipo é expressa ou implícita.

Ao ler este texto, o leitor concorda que, em nenhuma circunstância, os autores são responsáveis por quaisquer perdas, diretas ou indiretas, incorridas como resultado do uso das informações contidas neste livro, incluindo, mas não se limitando, a erros, omissões ou imprecisões.

ISBN: **9798313024066**

Selo editorial: Independently published

Sumário

1   Prefácio.

Os dados mais valiosos da sua empresa podem estar escondidos diante dos seus olhos – ignorados, dispersos e fora do seu alcance. E o pior? Sem governança, eles não são apenas um desperdício, mas um risco invisível que pode comprometer toda a organização.

Organizações de todos os setores — da saúde à indústria, do varejo às fintechs — investem pesadamente em inteligência artificial, analytics e big data, confiantes de que suas bases estruturadas contêm todo o conhecimento necessário para impulsionar a inovação e embasar decisões estratégicas.

A promessa de uma cultura data-driven parece estar ao alcance de qualquer empresa que possua um bom repositório de dados estruturados e uma equipe de especialistas para explorá-los.

Mas e se eu lhe dissesse que grande parte dos ativos mais valiosos da sua organização não está armazenada em bancos de dados tradicionais?

Todos os dias, dentro de qualquer empresa, são gerados e compartilhados gigabytes de informações que não estão devidamente organizados, catalogados ou sequer reconhecidos como ativos estratégicos.

Pense nos relatórios financeiros guardados em pastas de rede sem versionamento adequado. Nos e-mails trocados entre gestores com insights que nunca chegam a ser documentados formalmente. Nas anotações informais de reuniões, que registram decisões críticas, mas permanecem dispersas em cadernos ou arquivos digitais sem rastreabilidade. Em apresentações que reúnem pesquisas aprofundadas, mas que acabam esquecidas em diretórios locais, sem qualquer processo de curadoria ou governança.

Esses são os ativos ocultos — fragmentos de conhecimento dispersos e invisíveis dentro das organizações, mas que, quando bem geridos, podem transformar radicalmente a maneira como lidamos com a informação.

A grande ironia da era dos dados é que, enquanto empresas investem milhões em soluções avançadas para extrair valor de dados estruturados, um verdadeiro oceano de conhecimento não governado permanece negligenciado, desorganizado e, em muitos casos, perdido para sempre.

O problema não é apenas desperdício de informação. Os ativos ocultos representam um risco real e crescente. Empresas que não governam esses dados enfrentam desafios que vão desde violações regulatórias e exposição de informações sensíveis até perda de inteligência competitiva e falhas estratégicas na tomada de decisão.

Imagine uma organização que precisa comprovar conformidade com normas como LGPD ou GDPR, mas não tem rastreabilidade sobre informações críticas armazenadas de maneira descentralizada. Ou um executivo que toma uma decisão estratégica sem acesso a insights relevantes que, por falta de governança, ficaram esquecidos em um diretório remoto.

Por outro lado, quando identificados, organizados e governados corretamente, os ativos ocultos se transformam em uma vantagem competitiva inestimável.

Empresas que desenvolvem estratégias para mapear, catalogar e utilizar esses dados ganham um diferencial poderoso: a capacidade de conectar informações dispersas e convertê-las em inteligência acionável. Isso implica em uma melhor tomada de decisão, maior conformidade regulatória, redução de riscos operacionais e até novas oportunidades de inovação e monetização de dados.

Neste livro, você será guiado por um processo estruturado para descobrir, governar e aproveitar os ativos ocultos da sua organização. Vamos revelar estratégias, frameworks e ferramentas práticas para transformar conhecimento disperso em um recurso estratégico valioso.

Se sua empresa deseja ir além do óbvio e extrair todo o potencial da informação, este livro é o primeiro passo para enxergar o que antes era invisível.

1.1   Para Quem este Livro foi Escrito?

Este livro foi concebido para todos os profissionais que compreendem que a inteligência artificial, a tomada de decisões baseada em dados e a governança corporativa não são apenas questões tecnológicas, mas desafios estratégicos e organizacionais.

Empresas que desejam prosperar na economia digital precisam garantir que a informação certa esteja disponível no momento exato, no contexto adequado e no formato correto para impulsionar inovação, eficiência e vantagem competitiva.

No entanto, isso só é possível quando todos os tipos de dados, estruturados ou não, são devidamente governados, protegidos e utilizados de forma estratégica.

Se você é um cientista de dados, já sabe que a qualidade e a diversidade dos dados determinam a eficácia dos modelos de machine learning e analytics. Mas e se grande parte dos dados mais ricos da sua organização não estiver nos bancos de dados tradicionais? E-mails contendo padrões de comportamento de clientes, documentos históricos com insights de mercado, relatórios dispersos em servidores locais — será que essas informações não poderiam enriquecer suas análises e reduzir vieses?

A governança dos ativos ocultos é um diferencial essencial para garantir que os algoritmos tenham acesso a um repositório de conhecimento mais amplo e relevante.

Se você ocupa um cargo de Chief Data Officer (CDO), gestor de governança de dados ou compliance, sabe que a responsabilidade pela integridade, qualidade e segurança da informação vai além do que está catalogado em data lakes e data warehouses.

Muitas vezes, as informações mais sensíveis e críticas de uma organização circulam por canais informais, sem controle ou rastreabilidade, expondo a empresa a riscos regulatórios, fraudes e violações de privacidade. Como garantir que esses ativos ocultos não comprometam a conformidade com normas como LGPD, GDPR e outras legislações globais? Como desenvolver políticas eficazes para mapear, classificar e proteger informações dispersas antes que se tornem um passivo invisível e perigoso?

Se você atua como arquiteto de dados, engenheiro de dados ou estrategista de transformação digital, entenderá que a eficácia dos projetos não está apenas na infraestrutura tecnológica, mas na forma como os fluxos de informação são compreendidos e estruturados.

Sistemas podem estar perfeitamente integrados, mas, se uma grande parcela do conhecimento corporativo estiver oculta em documentos não catalogados, drives locais, plataformas colaborativas ou mesmo na memória dos colaboradores, a empresa continuará operando de forma fragmentada, sem extrair o verdadeiro valor dos dados.

O sucesso da transformação digital depende da capacidade de conectar, organizar e tornar acessíveis informações que, até então, permaneciam invisíveis e subaproveitadas.

Se você é um executivo, gestor ou tomador de decisão, este livro mostrará que ativos ocultos não são apenas um desafio técnico, mas um recurso estratégico que pode ser explorado para reduzir custos, melhorar a eficiência e gerar novas oportunidades de negócios. Empresas que dominam seus ativos ocultos podem transformar informações dispersas em inteligência acionável, aumentar sua competitividade e até criar novos modelos de monetização de dados.

Em um cenário onde a informação é o maior ativo corporativo, não governar os ativos ocultos significa perder oportunidades valiosas de inovação e crescimento.

Independentemente do seu papel dentro da organização, entender, identificar e governar os ativos ocultos é uma competência essencial para qualquer profissional que deseja atuar na nova economia dos dados.

Este livro fornecerá as diretrizes, frameworks e estratégias necessárias para transformar o caos informacional em um sistema de governança robusto e eficiente, abrindo caminho para decisões mais inteligentes, conformidade regulatória e inovação sustentável.

1.2   O Que Você Encontrará Neste Livro?

Este livro faz parte da coleção Governança de Dados, uma série criada para ajudar organizações e profissionais a desenvolverem maturidade na gestão da informação. Aqui, abordamos os seguintes tópicos fundamentais:

- O paradigma dos dados invisíveis – Como e por que informações críticas escapam dos sistemas estruturados?

- O impacto estratégico dos ativos ocultos – Quais são os riscos e oportunidades associados a esses dados?

- Mapeamento, catalogação e governança – Métodos práticos para identificar, organizar e controlar informações dispersas.

- Tecnologias e abordagens emergentes – Como inteligência artificial, automação e taxonomias avançadas podem auxiliar na governança dos ativos ocultos.

- Casos de uso e aplicações práticas – Exemplos reais de empresas que transformaram ativos ocultos em vantagem competitiva.

Ao longo dos capítulos, você será guiado por uma abordagem estruturada, com insights valiosos, frameworks de governança aplicáveis e orientações práticas para transformar a gestão dos ativos ocultos dentro da sua organização.

Este livro não é apenas uma leitura sobre governança de dados – é um chamado à ação. Organizações que ignoram seus ativos ocultos correm riscos, desperdiçam oportunidades e limitam seu potencial de inovação.

Se você deseja expandir sua visão sobre governança de dados, fortalecer sua posição profissional e preparar sua organização para um futuro em que a informação é o maior ativo, então este livro – e a coleção Governança de Dados – é um investimento essencial.

Prepare-se para enxergar o que antes era invisível.

Prof. Marcão - Marcus Vinícius Pinto

Mestre em Tecnologia da Informação.
Consultor, Mentor, Palestrante e Escritor sobre temas de Tecnologia da Informação, Inteligência Artificial, Governança de Dados, Arquitetura de Informação e Humanidades.

2 Introdução aos Ativos Ocultos.

A revolução digital transformou a maneira como concebemos e gerenciamos informações, mas nem todos os dados seguem trilhas bem delineadas.

Em meio às bases estruturadas e indexadas, oculta-se uma vasta dimensão informacional que escapa às malhas tradicionais da governança de dados: os ativos ocultos.

Estes são fragmentos de informação que, embora essenciais para a tomada de decisão e para a inteligência organizacional, permanecem invisíveis ou subutilizados, seja por sua natureza desestruturada, seja pela falta de mecanimos apropriados para sua descoberta e exploração.

Os ativos ocultos podem ser definidos como qualquer tipo de dado que não está explicitamente catalogado, indexado ou estruturado em sistemas formais de gestão.

Trata-se de informação que existe dentro das organizações e redes, mas que permanece marginalizada em razão da ausência de um modelo padronizado de classificação ou de um repositório adequado.

A categorização dos ativos ocultos em três grandes grupos – dados não estruturados, dados semiestruturados e conhecimento tácito – oferece uma estrutura valiosa para entender a complexidade e a diversidade dessas informações subutilizadas.

2.1 Dados Não Estruturados: A Selva da Informação Livre.

Os dados não estruturados representam a maior e mais desafiadora categoria de ativos ocultos. Sua característica principal é a ausência de um modelo predefinido, o que dificulta a organização, a busca e a análise.

Exemplos e Expansão:

- Documentos de texto: relatórios, contratos, manuais, e-mails e mensagens instantâneas são exemplos comuns. A análise desses documentos pode revelar tendências, identificar padrões e extrair informações importantes para a tomada de decisões.

- Gravações de reuniões: áudios e vídeos de reuniões contêm discussões valiosas, insights e decisões que podem ser perdidos se não forem transcritos e analisados.

- Imagens e vídeos: fotos e vídeos de produtos, instalações, eventos e clientes podem fornecer informações importantes sobre o desempenho da empresa, a satisfação do cliente e a qualidade dos produtos e serviços.

- Mídias Sociais: posts, comentários, e avaliações de clientes em redes sociais, que podem demonstrar a visão do cliente sobre os produtos e serviços da empresa.

2.2   Dados Semi-estruturados: A Zona Cinzenta da Organização.

Os dados semiestruturados ocupam uma posição intermediária entre os dados estruturados e não estruturados. Eles possuem alguma forma de organização, mas não estão totalmente formatados dentro de um banco de dados tradicional.

Exemplos e Expansão:

- Logs de sistemas: registros de atividades de sistemas de software e hardware, que podem fornecer informações sobre o desempenho, a segurança e o uso dos sistemas.

- Metadados: dados sobre dados, que fornecem informações contextuais sobre a origem, o formato e o significado dos dados.

- Mensagens instantâneas: mensagens trocadas em aplicativos como Slack e Microsoft Teams, que podem conter informações importantes sobre projetos, decisões e comunicações internas.

- Arquivos XML e JSON: formatos de dados que utilizam tags para organizar as informações, permitindo a representação de dados complexos e hierárquicos.

3 Conhecimento Tácito: O Tesouro Humano da Experiência e Como Capturá-lo de Forma Eficaz.

O conhecimento tácito é um dos ativos mais valiosos de qualquer organização, pois reside na experiência, nas habilidades intuitivas e nas percepções adquiridas pelos indivíduos ao longo de suas trajetórias profissionais.

Diferente do conhecimento explícito, que pode ser facilmente documentado e armazenado em bancos de dados, o conhecimento tácito é subjetivo, complexo e frequentemente transmitido de maneira informal.

A dificuldade de capturar e compartilhar esse conhecimento tem sido um desafio significativo para empresas que buscam preservar sua inteligência organizacional e evitar a perda de capital intelectual quando colaboradores experientes deixam a organização.

Para superar esse desafio, é essencial adotar metodologias estruturadas de captura, compartilhamento e retenção do conhecimento tácito, combinando tecnologia, processos de governança e estratégias de gestão do conhecimento.

3.1 Características Fundamentais do Conhecimento Tácito.

Antes de abordarmos as metodologias para capturá-lo, é essencial compreender os diferentes aspectos do conhecimento tácito e porque ele é tão difícil de ser formalizado:

- Habilidades e expertise: funcionários desenvolvem, ao longo de anos de prática, habilidades que não podem ser facilmente transferidas apenas por meio de manuais ou treinamentos formais. Profissões como cirurgiões, engenheiros e designers gráficos dependem fortemente da experiência adquirida por tentativa e erro.

- Intuição e julgamento: muitos profissionais tomam decisões rápidas e eficazes baseadas em padrões e experiências passadas. Líderes empresariais, por exemplo, utilizam o conhecimento tácito para avaliar riscos e antecipar tendências de mercado.

- Relacionamentos e redes de contatos: a habilidade de navegar no ambiente organizacional e estabelecer conexões valiosas com clientes, fornecedores e parceiros estratégicos não pode ser codificada, mas é essencial para o sucesso dos negócios.

- Cultura organizacional: o conhecimento tácito é também um componente central da cultura organizacional, refletindo os valores, crenças e normas que moldam a tomada de decisão e o comportamento dos funcionários.

A captura desse conhecimento requer metodologias específicas que possibilitem sua sistematização e compartilhamento de maneira eficaz.

3.2   Metodologias para Capturar e Compartilhar o Conhecimento Tácito.

3.2.1   Conversas Estruturadas e Entrevistas com Especialistas.

Uma das formas mais eficazes de capturar o conhecimento tácito é por meio de entrevistas estruturadas ou semiestruturadas com especialistas dentro da organização.

- Entrevistas individuais: sessões com funcionários-chave para extrair insights sobre suas funções, desafios e práticas mais eficazes.

- Método STAR (Situação, Tarefa, Ação, Resultado): perguntar sobre experiências passadas de maneira estruturada para mapear como especialistas tomam decisões em cenários complexos.

- Painéis de especialistas: grupos de discussão onde profissionais compartilham suas abordagens para problemas recorrentes, permitindo a formalização de boas práticas.

✓ Exemplo prático.

Uma multinacional do setor farmacêutico utilizou entrevistas com cientistas experientes prestes a se aposentar para documentar suas metodologias de pesquisa, evitando a perda desse conhecimento crítico.

3.2.2 Mentoria e Aprendizado por Imersão.

O aprendizado por meio da observação e da prática é uma das formas mais naturais de transferência do conhecimento tácito.

As organizações podem estruturar esse processo por meio de:

- Programas de mentoria: parcerias entre funcionários seniores e juniores para transmissão de conhecimento tácito em contextos reais de trabalho.

- Job shadowing (sombreamento no trabalho): funcionários menos experientes acompanham profissionais mais experientes em suas atividades diárias para absorver suas práticas e processos decisórios.

- Rotação de funções (job rotation): oportuniza que colaboradores passem por diferentes setores da empresa, aumentando sua compreensão global do negócio.

✓ Exemplo prático.

Empresas do setor automotivo, como a Toyota, implementam o aprendizado no local de trabalho (on-the-job training) para que novos engenheiros absorvam a cultura de melhoria contínua do sistema de produção Toyota (TPS).

3.2.3 Comunidades de Prática e Colaboração Digital.

Comunidades de prática são espaços colaborativos onde profissionais compartilham experiências, resolvem problemas coletivamente e desenvolvem conhecimento tácito de forma natural.

- Plataformas de intranet e fóruns internos: empresas podem criar espaços virtuais para que funcionários compartilhem dicas, práticas recomendadas e resolvam dúvidas uns dos outros.

- Workshops internos e hackathons: eventos periódicos nos quais colaboradores trabalham juntos para resolver problemas complexos, promovendo a troca ativa de conhecimento tácito.

- Repositórios de boas práticas: bancos de dados organizacionais que armazenam cases, insights e lições aprendidas de projetos anteriores.

✓ Exemplo prático.

A NASA mantém um sistema de Lessons Learned Database, onde engenheiros e cientistas compartilham erros e sucessos de missões anteriores para melhorar futuros projetos espaciais.

3.2.4   Documentação Inteligente e Storytelling Organizacional.

Transformar conhecimento tácito em narrativas acessíveis pode facilitar sua disseminação.

Algumas abordagens eficazes incluem:

- Casos de estudo internos: criar histórias detalhadas de desafios e soluções encontrados por funcionários.

- Storytelling visual: uso de vídeos e simulações para demonstrar práticas e processos essenciais.

- Guias práticos interativos: criar manuais e FAQs baseados em experiências reais da equipe.

✓ Exemplo prático.

A Pixar, renomada empresa de animação, utiliza o storytelling organizacional para preservar a cultura criativa, registrando histórias de fracassos e sucessos em sua "Braintrust", um espaço de aprendizado coletivo.

3.2.5 Inteligência Artificial e Automação na Captura do Conhecimento Tácito.

Com o avanço das tecnologias de IA, tornou-se possível capturar e sistematizar conhecimento tácito de maneira inovadora.

- Ferramentas de Processamento de Linguagem Natural (NLP): analisam e extraem insights de e-mails, reuniões transcritas e documentos internos.

- Análise de padrões comportamentais: algoritmos podem mapear como especialistas resolvem problemas e sugerir recomendações automatizadas para novos funcionários.

- Assistentes virtuais corporativos: chatbots treinados para responder dúvidas frequentes com base no conhecimento tácito armazenado.

✓ Exemplo prático.

O IBM Watson Discovery auxilia grandes corporações a capturar e classificar conhecimento disperso em documentos e conversas corporativas, facilitando o acesso ao know-how interno.

3.3 Transformando o Conhecimento Tácito em um Diferencial Competitivo.

A captura e o compartilhamento eficazes do conhecimento tácito são diferenciais competitivos para organizações que buscam inovação e eficiência operacional. Para isso, é fundamental combinar estratégias humanas e tecnológicas, garantindo que a sabedoria acumulada pelos colaboradores não se perca com o tempo.

Empresas que investem na documentação inteligente, no aprendizado experiencial e no uso de tecnologia avançada conseguem preservar seu capital intelectual e transformá-lo em um motor de crescimento sustentável.

Afinal, o conhecimento não compartilhado é um conhecimento desperdiçado – e a chave para o sucesso organizacional está em garantir que a experiência de cada indivíduo se transforme em valor para toda a empresa.

4 Por que os Ativos Ocultos Representam Desafios para a Governança?

A governança de dados, em sua essência, busca assegurar que a informação corporativa seja um ativo estratégico, caracterizado por precisão, acessibilidade, segurança e usabilidade. No entanto, a presença dos ativos ocultos introduz complexidades singulares, desafiando os paradigmas tradicionais de gestão de dados.

4.1 Dificuldade de Descoberta: A Busca no Labirinto Informacional.

A natureza não estruturada dos ativos ocultos impede a aplicação de técnicas convencionais de indexação e busca. Imagine tentar encontrar uma agulha em um palheiro sem um mapa ou bússola. A ausência de metadados padronizados e a diversidade de formatos exigem abordagens inovadoras para a descoberta desses dados.

Exemplo: Uma empresa de pesquisa de mercado armazena milhares de gravações de entrevistas com consumidores. A ausência de transcrições e metadados dificulta a busca por informações específicas, como a opinião dos consumidores sobre um determinado produto.

4.2 Riscos Regulatórios e de Conformidade: A Sombra da Inobservância.

Os ativos ocultos podem conter dados sensíveis, como informações pessoais de clientes, dados financeiros e segredos comerciais. A falta de visibilidade e controle sobre esses dados aumenta o risco de violações de privacidade, multas regulatórias e danos à reputação.

Exemplo: Uma instituição financeira armazena e-mails de clientes que contêm informações confidenciais, como números de contas e senhas.

A falta de criptografia e controles de acesso adequados aumenta o risco de vazamento de dados e fraudes.

4.3   Baixo Aproveitamento Analítico: O Potencial Inexplorado.

As empresas investem significativamente em análise de dados estruturados, mas negligenciam as oportunidades contidas nos ativos ocultos. Essa lacuna impede a obtenção de insights valiosos que podem impulsionar a inovação, a eficiência operacional e a vantagem competitiva.

Exemplo: Uma empresa de varejo coleta dados de vendas e interações de clientes em mídias sociais. No entanto, ela não analisa as transcrições de chamadas de atendimento ao cliente, que contêm informações importantes sobre as necessidades e expectativas dos clientes.

4.4   Segregação do Conhecimento: Os Silos da Ineficiência.

O conhecimento tácito, acumulado pelos indivíduos em suas experiências profissionais, muitas vezes reside em silos organizacionais, sem mecanismos para sua socialização e reaproveitamento. Essa segregação impede a colaboração, a inovação e a transferência de conhecimento entre as equipes.

Exemplo: Uma empresa de engenharia possui um funcionário com vasta experiência em projetos complexos. No entanto, esse conhecimento não é documentado ou compartilhado com outros funcionários, o que dificulta a resolução de problemas e a otimização de processos.

4.5   Abordagem integrada.

A superação desses desafios exige uma abordagem integrada, que combine ferramentas de tecnologia, políticas de governança e estratégias de gestão do conhecimento. Ao desvendar o potencial dos ativos ocultos, as organizações podem transformar dados em inteligência estratégica, impulsionando a tomada de decisões e o sucesso nos negócios.

Esses desafios foram amplamente discutidos por autores como Davenport e Prusak (2000), que destacam a dificuldade de captura e gestão do conhecimento intangível dentro das organizações modernas. A não abordagem desses dados compromete a plenitude da inteligência corporativa e reduz a eficiência operacional.

5 Exemplos Concretos de Dados Não Estruturados e Não Indexados.

A era digital, com sua explosão de dados, trouxe à tona um desafio crucial para as organizações: a gestão dos chamados "ativos ocultos". Esses dados, valiosos e informativos, residem fora dos tradicionais bancos de dados estruturados, permanecendo em grande parte não catalogados e, consequentemente, subutilizados.

Para compreendermos a magnitude desse problema, é essencial explorarmos exemplos concretos de dados não estruturados e não indexados que permeiam o cotidiano corporativo.

5.1 E-mails Corporativos: Um Tesouro de Informações Submersas.

Os e-mails corporativos, apesar de sua onipresença, raramente são tratados como repositórios formais de conhecimento. Neles, residem discussões estratégicas, insights valiosos e decisões informais que, se devidamente analisados, poderiam impulsionar a tomada de decisões e a inovação.

Imagine uma empresa de consultoria que lida com projetos complexos. A troca de e-mails entre consultores e clientes pode conter informações cruciais sobre as necessidades do cliente, os desafios enfrentados e as soluções propostas. Se esses e-mails fossem devidamente indexados e analisados, a empresa poderia identificar padrões, antecipar problemas e otimizar seus serviços.

5.2 Mensagens em Aplicativos de Comunicação: A Informalidade como Fonte de Conhecimento.

Plataformas como WhatsApp, Slack e Microsoft Teams se tornaram ferramentas indispensáveis para a comunicação interna e externa. No entanto, as interações nessas plataformas, muitas vezes informais e efêmeras, concentram um volume significativo de informações relevantes para a gestão.

Discussões sobre projetos, feedbacks de clientes e decisões rápidas são exemplos de dados valiosos que, se capturados e analisados, poderiam fornecer insights importantes.

Uma equipe de marketing, por exemplo, pode utilizar o Slack para trocar ideias sobre campanhas publicitárias. Essas discussões, se analisadas, poderiam revelar insights sobre as preferências do público-alvo e a eficácia das campanhas.

5.3 Apresentações e Relatórios em Pastas Locais: A Dispersão da Informação.

Apresentações em PowerPoint, relatórios em PDF e planilhas do Excel, armazenados em pastas locais em dispositivos pessoais, representam um volume significativo de informação de difícil rastreamento.

Essa dispersão da informação dificulta a colaboração e impede a identificação de padrões e tendências. Imagine uma empresa de engenharia que possui diversos projetos em andamento.

Cada projeto gera uma grande quantidade de documentos, como desenhos técnicos, relatórios de progresso e planilhas de custos. Se esses documentos forem armazenados em pastas locais em diferentes computadores, será difícil para a empresa ter uma visão geral dos projetos e identificar possíveis problemas.

5.4 Transcrições de Reuniões e Chamadas de Vídeo: A Voz como Dado.

O diálogo falado, seja em reuniões presenciais ou chamadas de vídeo, contém insights valiosos que muitas vezes são desperdiçados por não serem capturados e analisados adequadamente.

A transcrição automática de reuniões e chamadas de vídeo, combinada com ferramentas de análise de texto, pode transformar a voz em dados estruturados, permitindo a identificação de temas recorrentes, a análise do sentimento e a extração de informações importantes.

Uma equipe de vendas, por exemplo, pode utilizar a transcrição de chamadas de vídeo com clientes para identificar as principais objeções e necessidades dos clientes, otimizando seu discurso de vendas.

5.5 Bases de Conhecimento Internas Desorganizadas: A Dificuldade de Encontrar a Informação Certa.

Wikis, intranets e sistemas de documentos corporativos, apesar de sua intenção de centralizar o conhecimento, frequentemente apresentam estrutura precária e conteúdo desatualizado.

A falta de padronização e a dificuldade de busca dificultam a recuperação da informação, tornando esses repositórios menos úteis do que poderiam ser. Uma empresa de tecnologia, por exemplo, pode ter uma wiki interna com informações sobre seus produtos e serviços.

No entanto, se a wiki não for bem organizada e mantida atualizada, os funcionários terão dificuldade em encontrar as informações de que precisam, prejudicando a eficiência e a produtividade.

5.6   O desafio.

A gestão eficaz dos ativos ocultos exige uma abordagem proativa e estratégica, que envolve a implementação de ferramentas de busca e indexação, a padronização de formatos e a promoção de uma cultura de compartilhamento de conhecimento.

Ao transformar esses dados não estruturados em informações valiosas, as organizações podem impulsionar a inovação, otimizar a tomada de decisões e obter uma vantagem competitiva significativa.

Os ativos ocultos representam um dos desafios mais complexos da governança de dados moderna. Sua invisibilidade não apenas limita o aproveitamento do conhecimento disponível, mas também expõe as organizações a riscos regulatórios e operacionais significativos.

À medida que novas técnicas de machine learning e inteligência artificial se tornam mais sofisticadas, a gestão desses dados deve evoluir para capturá-los, analisá-los e integrá-los na estratégia organizacional.

A reflexão crítica sobre esse tema nos leva à necessidade de reavaliar os paradigmas tradicionais da governança de dados e reconhecer que o conhecimento corporativo reside não apenas no que é visível, mas também naquilo que ainda não foi plenamente desvendado.

6 Fontes de Ativos ocultos na Organização.

As organizações modernas estão imersas em uma paisagem informacional vastamente fragmentada, onde grande parte do conhecimento não se encontra em bancos de dados estruturados, mas sim disperso em documentos, mensagens, registros legados e na própria experiência dos colaboradores.

Esses fragmentos informacionais, que denominamos ativos ocultos, formam uma espécie de memória invisível da instituição.

Para tanto, dialogaremos com pesquisadores que estudaram o conhecimento organizacional e a governança da informação, incluindo Nonaka e Takeuchi (1995), que discorreram sobre a conversão do conhecimento tácito em explícito, e Thomas Davenport (1997), que analisou a gestão estratégica da informação nas corporações.

6.1 Principais fontes de dados ocultos.

6.1.1 Dados em Documentos, Planilhas e Apresentações.

A produção documental de uma organização é uma das maiores fontes de dados ocultos. Planilhas financeiras, relatórios internos, manuais operacionais e apresentações institucionais contêm informações de valor estratégico, mas sua gestão é muitas vezes negligenciada.

Davenport e Prusak (2000) argumentam que o conhecimento valioso reside muitas vezes nesses documentos dispersos, sem estruturação adequada para seu uso análitico. A ausência de indexação e a dependência de arquivamento manual dificultam a recuperação eficiente desses dados, fazendo com que informações relevantes sejam subutilizadas ou replicadas desnecessariamente.

No contexto das novas abordagens de gestão da informação, Ferrucci et al. (2013), no desenvolvimento do IBM Watson, destacaram o papel da inteligência artificial na análise de documentos não estruturados. Ferramentas de processamento de linguagem natural (NLP) são essenciais para extrair valor dessas fontes, estruturando o conteúdo em formatos mais acessíveis e indexáveis.

6.1.2   Dados em E-mails e Mensagens Instantâneas.

E-mails e plataformas de mensagens instantâneas, como Slack, Microsoft Teams e WhatsApp, tornaram-se centrais para a comunicação corporativa. Entretanto, a informalidade desses canais frequentemente resulta na perda de informação relevante, pois não há um mecanismo eficaz para a captura e organização do conhecimento gerado nesses meios.

Shannon (1948), ao formular a teoria da informação, ressaltou que a comunicação eficiente requer não apenas transmissão, mas também a capacidade de recuperar e reutilizar informações significativas. No contexto organizacional, a dispersão de e-mails e mensagens sem integração a sistemas de gestão do conhecimento representa um desafio significativo.

A análise de sentimentos e a extração automática de informações nesses canais, por meio de IA, tem sido objeto de estudo recente. Segundo Batra e Tyagi (2021), algoritmos de aprendizado profundo podem identificar padrões em grandes volumes de comunicação digital, facilitando a transformação desses dados em conhecimento estruturado.

6.1.3   Registros em Sistemas Legados e Arquivos de Mídia.

Sistemas legados, muitas vezes desenvolvidos há décadas, armazenam dados essenciais para a operação empresarial, mas frequentemente se tornam ilhas isoladas de informação. A ausência de compatibilidade com novas tecnologias dificulta a extração e integração desses dados com plataformas modernas de análise.

O conceito de "dados obscuros" (dark data), cunhado por Gartner (2018), se aplica perfeitamente a esses registros. Segundo a consultoria, mais de 80% dos dados empresariais são subutilizados por estarem armazenados em formatos que impedem sua análise e processamento eficiente.

Paralelamente, arquivos de mídia como áudio, vídeo e imagens são uma fonte valiosa de informação, mas sua estrutura não textual dificulta sua incorporação aos sistemas de análise. Avanços na transcrição automática e reconhecimento de imagem, como os modelos desenvolvidos por LeCun, Bengio e Hinton (2015) no campo das redes neurais profundas, estão permitindo novas formas de exploração desses dados.

6.1.4   Conhecimento Tácito e Informações Dispersas.

Por fim, um dos desafios mais complexos na gestão dos ativos ocultos é o conhecimento tácito, que reside na experiência dos indivíduos. Nonaka e Takeuchi (1995) destacam que o conhecimento organizacional não está apenas nos documentos formais, mas também na cultura corporativa, nos processos intuitivos e nas práticas cotidianas dos colaboradores.

A conversão desse conhecimento tácito em explícito é um dos desafios centrais da gestão da informação. Ferramentas como storytelling organizacional, gestão de comunidades de prática e repositórios colaborativos são alternativas para capturar essa dimensão do saber corporativo.

6.2   Uma mina de ouro.

A metáfora da "mina de ouro" captura com precisão o valor intrínseco dos ativos ocultos nas organizações. Esses dados, frequentemente subestimados e negligenciados, representam um tesouro inexplorado de informações que podem impulsionar a tomada de decisões estratégicas e a inteligência empresarial. No entanto, para que esse potencial seja plenamente realizado, é fundamental adotar uma abordagem integrada para a identificação, captura e governança desses ativos.

A análise dos ativos ocultos pode revelar insights valiosos que não seriam obtidos através da análise de dados estruturados. Por exemplo:

- Compreensão profunda do cliente: a análise de e-mails, mensagens instantâneas e transcrições de chamadas pode fornecer informações detalhadas sobre as necessidades, expectativas e sentimentos dos clientes, permitindo a personalização de produtos e serviços.

- Otimização de processos: a análise de logs de sistemas e gravações de reuniões pode identificar gargalos, ineficiências e oportunidades de melhoria nos processos internos da organização.

- Inovação e desenvolvimento de produtos: a análise de dados de mídias sociais, patentes e artigos científicos pode revelar tendências emergentes, necessidades não atendidas e oportunidades para o desenvolvimento de novos produtos e serviços.

- Gerenciamento de riscos: a análise de dados de logs de sistemas, e-mails e documentos internos pode identificar padrões de comportamento suspeitos, vulnerabilidades de segurança e riscos regulatórios.

6.2.1   A Abordagem Integrada: A Chave para a Extração do Valor.

Para que a "mina de ouro" dos ativos ocultos seja explorada de forma eficaz, é necessário adotar uma abordagem integrada que abranja os seguintes aspectos:

- Identificação e descoberta: implementar ferramentas de busca e indexação avançadas, capazes de lidar com a diversidade de formatos e a falta de estrutura dos dados ocultos.

- Captura e armazenamento: desenvolver processos e tecnologias para a captura e o armazenamento seguro dos dados ocultos, garantindo a integridade e a confidencialidade das informações.

- Governança e qualidade: definir políticas e padrões para a governança dos dados ocultos, assegurando a qualidade, a consistência e a conformidade das informações.

- Análise e interpretação: utilizar ferramentas de análise de dados avançadas, como inteligência artificial e aprendizado de máquina, para extrair insights valiosos dos dados ocultos.

- Compartilhamento e colaboração: promover uma cultura de compartilhamento de conhecimento e colaboração, incentivando a utilização dos ativos ocultos em diferentes áreas da organização.

6.2.2   Exemplos Práticos: A Aplicação da Abordagem Integrada.

Uma empresa de varejo pode utilizar ferramentas de análise de texto para analisar as avaliações de clientes em mídias sociais, identificando os principais pontos de satisfação e insatisfação dos clientes.

Uma instituição financeira pode utilizar ferramentas de análise de logs de sistemas para monitorar as atividades dos usuários, identificando possíveis fraudes e violações de segurança.

Uma empresa de pesquisa e desenvolvimento pode utilizar ferramentas de análise de patentes e artigos científicos para identificar tendências emergentes e oportunidades de inovação.

Ao adotar uma abordagem integrada para a gestão dos dados ocultos, as organizações podem transformar informações subutilizadas em inteligência estratégica, impulsionando a tomada de decisões, a inovação e o sucesso nos negócios.

7 O Caos Invisível: Riscos e Impactos dos Dados Não Governados.

Os dados são frequentemente descritos como o novo petróleo, uma fonte de riqueza e poder para as organizações contemporâneas. Contudo, tal como o petróleo bruto, os dados requerem refinamento e gestão adequados para gerar valor.

Quando negligenciados, os dados tornam-se passivos ocultos, fonte de riscos regulatórios, fragilidades operacionais e vulnerabilidades cibernéticas.

7.1 Exposição a Riscos Regulatórios e Compliance.

O ambiente regulatório global está em constante evolução, impondo exigências cada vez mais rigorosas para a proteção de dados. Normas como o Regulamento Geral sobre a Proteção de Dados (GDPR) da União Europeia e a Lei Geral de Proteção de Dados (LGPD) no Brasil estabelecem diretrizes sobre como informações devem ser coletadas, armazenadas e utilizadas.

Quando ativos ocultos e não governados emergem de forma inesperada, podem colocar as organizações em situação de não conformidade. Estudos conduzidos por Cohen (2012) ressaltam que a falta de governança pode resultar em processos judiciais, sanções financeiras e danos reputacionais irreversíveis.

Um exemplo emblemático foi o escândalo da Cambridge Analytica, que expôs o uso indevido de dados pessoais para manipulação política, gerando uma crise de credibilidade para grandes corporações e reguladores.

A governança de dados deve, portanto, ser proativa, garantindo que todas as informações dentro da organização estejam mapeadas e documentadas. Como defendem Braman (2006) e Floridi (2014), dados não são apenas objetos passivos, mas sim entidades dinâmicas que moldam estruturas de poder e influenciam decisões políticas e econômicas.

7.2   Impacto na Tomada de Decisão e Perda de Oportunidades.

Dados desgovernados impactam diretamente a qualidade das decisões empresariais. Davenport e Harris (2007) demonstram que organizações orientadas por dados (data-driven organizations) alcançam melhor desempenho do que aquelas que se baseiam em intuição ou experiência empírica isolada.

No entanto, quando informações relevantes estão dispersas, não indexadas ou armazenadas em formatos incompatíveis, a capacidade analítica da empresa fica comprometida.

A ineficiência na extração de insights impede a identificação de padrões e oportunidades de mercado. A ciência de dados, conforme argumentado por Provost e Fawcett (2013), depende da acessibilidade e qualidade das informações. Sem governança, empresas podem falhar ao antecipar tendências, resultando em estratégias mal informadas e perda de vantagens competitivas.

7.3   Segurança da Informação e Vulnerabilidades Cibernéticas.

Dados não governados representam um vetor de ameaça para a segurança cibernética. Segundo Schneier (2015), informações desprotegidas são alvos fáceis para ciberataques, especialmente quando armazenadas sem criptografia ou protocolos de controle de acesso.

O vazamento de dados pode comprometer clientes, parceiros e a própria sobrevivência da empresa. Em 2017, o ciberataque ao Equifax expô dados de mais de 140 milhões de pessoas, evidenciando os riscos de armazenar informações sem gestão adequada.

Como destacado por Zuboff (2019), o acúmulo massivo de dados sem regulação efetiva leva a um cenário de "capitalismo de vigilância", no qual dados tornam-se moeda de troca entre corporações e governos, muitas vezes sem o consentimento do indivíduo.

7.4   Redundância e Desperdício de Recursos.

A existência de dados duplicados ou subutilizados resulta em desperdício de capacidade computacional, armazenamento e esforço humano.

Estudos de Redman (1998) mostram que até 30% dos dados empresariais são imprecisos ou redundantes, impactando operações e estratégias corporativas.

A gestão eficiente da informação deve contemplar técnicas de deduplicação e otimização de repositórios, garantindo que apenas dados relevantes sejam armazenados e utilizados. Segundo Laney (2001), a gestão do "volume, variedade e velocidade" dos dados deve ser um pilar da governança organizacional.

7.5   Concluindo.

Os dados não governados representam um paradoxo informacional: ao mesmo tempo que carregam um potencial valioso, também geram riscos significativos.

A governança de dados não é apenas uma questão de conformidade regulatória, mas um fator crítico para a inteligência organizacional, segurança e eficiência operacional.

A transição para uma cultura de dados estruturada requer investimento em tecnologia, processos e educação organizacional. Apenas dessa forma é possível transformar o caos invisível dos dados desgovernados em um ativo estratégico tangível.

8   Estratégias para Descoberta e Catalogação de Ativos Ocultos.

A identificação de ativos ocultos exige uma abordagem metodológica estruturada, que combine técnicas de análise exploratória e tecnologias avançadas de rastreamento informacional. A complexidade e a diversidade desses dados exigem uma estratégia multifacetada para revelar seu potencial.

8.1   Análise de Fluxos de Informação: Rastreando o Caminho dos Dados.

A análise de fluxos de informação é um método fundamental para identificar onde os ativos informacionais estão sendo gerados e armazenados. Ao examinar os pontos de entrada e saída dos dados na organização, é possível mapear o ciclo de vida da informação e identificar áreas onde os ativos ocultos podem estar presentes.

Exemplo: Uma empresa de manufatura pode analisar o fluxo de informações em sua linha de produção. Ao rastrear os dados gerados por sensores, sistemas de controle e registros de produção, é possível identificar onde os dados não estruturados, como registros de manutenção e anotações de operadores, estão sendo gerados e armazenados.

8.2   Mapeamento de Sistemas Legados: Desenterrando o Passado Informacional.

Muitas organizações operam com sistemas legados que acumularam grandes volumes de dados ao longo dos anos, frequentemente sem catalogação adequada. O mapeamento desses sistemas é essencial para identificar ativos ocultos que podem estar armazenados em formatos obsoletos ou em locais de difícil acesso.

Exemplo: Uma instituição financeira pode ter sistemas legados que armazenam registros de transações antigas em fitas magnéticas ou em bancos de dados desatualizados. O mapeamento desses sistemas permite identificar e migrar esses dados para formatos modernos, tornando-os acessíveis para análise.

8.3 Auditorias de Conteúdo: A Revisão Detalhada da Informação.

As auditorias de conteúdo envolvem a revisão sistemática de documentos, repositórios de arquivos e bancos de dados para identificar informações de valor estratégico que estavam ocultas. Essa abordagem exige uma análise minuciosa dos dados, buscando padrões, tendências e insights que podem não ser imediatamente evidentes.

Exemplo: Uma empresa de pesquisa de mercado pode realizar auditorias de conteúdo em seus arquivos de pesquisa para identificar estudos antigos que contenham informações relevantes para projetos atuais. Ao revisar relatórios, transcrições de entrevistas e dados de pesquisa, é possível descobrir insights valiosos que podem ser utilizados para aprimorar as estratégias de marketing.

8.4 Entrevistas de Crowdsourcing Interno: Capturando o Conhecimento Humano.

O conhecimento institucional, muitas vezes retido de forma tácita pelos colaboradores, pode ser trazido à tona por meio de entrevistas estruturadas e dinâmicas colaborativas de crowdsourcing interno. Essa abordagem reconhece que os funcionários são uma fonte valiosa de informações sobre os ativos ocultos da organização.

Exemplo: Uma empresa de engenharia pode realizar entrevistas com engenheiros experientes para capturar seu conhecimento tácito sobre projetos complexos. Ao documentar suas experiências, insights e melhores práticas, é possível criar uma base de conhecimento acessível para outros funcionários.

Crowdsourcing: a mesma empresa pode criar um espaço interno para que os funcionários compartilhem seus conhecimentos sobre dados ocultos, com a possibilidade de recompensas e reconhecimentos.

8.5   Tecnologias Avançadas para Rastreamento Informacional.

A identificação de ativos ocultos é uma tarefa complexa que exige uma combinação de métodos tradicionais e tecnologias avançadas. As ferramentas de descoberta eletrônica (eDiscovery), a inteligência artificial (IA) e o aprendizado de máquina (ML) e as ferramentas de análise de texto desempenham um papel crucial nesse processo.

8.5.1   Ferramentas de Descoberta Eletrônica (eDiscovery).

Essas ferramentas são projetadas para auxiliar na busca, coleta, análise e produção de informações eletrônicas em resposta a litígios, investigações internas ou requisitos regulatórios.

Elas permitem a busca em grandes volumes de dados não estruturados, como e-mails, documentos de texto, arquivos de áudio e vídeo, e até mesmo dados de mídias sociais.

As funcionalidades incluem indexação avançada, pesquisa por palavras-chave, análise de metadados, identificação de duplicatas e reconstrução de arquivos excluídos.

Exemplo: Em um processo judicial, uma empresa pode usar ferramentas de eDiscovery para identificar e coletar e-mails relevantes para o caso, mesmo que esses e-mails estejam espalhados por diferentes servidores e dispositivos.

8.5.2   Inteligência Artificial (IA) e Aprendizado de Máquina (ML).

A IA e o ML oferecem recursos poderosos para a análise de dados não estruturados, permitindo a identificação de padrões, tendências e insights que seriam difíceis de detectar por meio de métodos tradicionais.

Algoritmos de ML podem ser treinados para reconhecer padrões de linguagem, identificar entidades (pessoas, lugares, organizações), classificar documentos e até mesmo prever comportamentos futuros.

Exemplo: Uma empresa de seguros pode usar IA para analisar registros de chamadas de clientes e identificar padrões de fraude. Um algoritmo de ML pode ser treinado para reconhecer padrões de linguagem e comportamento que indicam um alto risco de fraude.

8.5.3   Ferramentas de Análise de Texto.

Essas ferramentas são projetadas para extrair informações de documentos de texto, como relatórios, contratos, e-mails e artigos.

Elas utilizam técnicas de processamento de linguagem natural (PLN) para analisar a estrutura e o significado do texto, permitindo a identificação de palavras-chave, entidades, sentimentos e relações.

Exemplo: Uma empresa de pesquisa de mercado pode usar ferramentas de análise de texto para analisar avaliações de clientes em mídias sociais e identificar os principais pontos de satisfação e insatisfação dos clientes.

8.6   A Importância da Combinação de Tecnologias.

A combinação dessas tecnologias oferece uma abordagem abrangente para a identificação de dados ocultos. As ferramentas de eDiscovery permitem a coleta e organização de grandes volumes de dados não estruturados. A IA e o ML permitem a análise desses dados para identificar padrões e insights. As ferramentas de análise de texto permitem a extração de informações específicas de documentos de texto.

Ao utilizar essas tecnologias de forma integrada, as organizações podem desvendar o potencial dos ativos ocultos e transformar informações subutilizadas em inteligência estratégica.

Ao combinar métodos de análise exploratória e tecnologias avançadas de rastreamento informacional, as organizações podem desvendar o potencial dos ativos ocultos e transformar informações subutilizadas em inteligência estratégica.

Bowker e Star (1999) enfatizam que a classificação dos dados é um processo social tanto quanto técnico, pois depende de convenções organizacionais e de estruturas cognitivas que definem o que é considerado um dado relevante.

8.7   Ferramentas para Extração e Classificação de Informação.

A descoberta e a organização de ativos ocultos representam um dos maiores desafios para a governança da informação. Com o crescimento exponencial de dados não estruturados, as organizações precisam de soluções tecnológicas avançadas para identificar, classificar e proteger suas informações.

A automação desse processo tem sido viabilizada pelo avanço de tecnologias como big data, inteligência artificial (IA) e aprendizado de máquina (machine learning), que permitem transformar grandes volumes de dados dispersos em ativos organizados e estratégicos.

A seguir, exploramos algumas das principais ferramentas utilizadas para extração e classificação de dados ocultos, explicando como funcionam e como são aplicadas na prática.

8.7.1 Data Loss Prevention (DLP): Proteção Contra Vazamento de Informações Sensíveis.

✓ Como funciona?

As soluções de Data Loss Prevention (DLP) atuam monitorando e controlando a movimentação de dados sensíveis dentro das redes corporativas. Elas utilizam regras predefinidas e inteligência artificial para analisar padrões e identificar tentativas de vazamento de informações confidenciais.

DLP pode operar em três níveis principais:

- DLP para Endpoint: monitora dispositivos individuais, prevenindo cópias não autorizadas para mídias externas (pendrives, HDs) e uploads suspeitos.

- DLP para Rede: analisa tráfego de e-mails, transferências FTP e outras comunicações, identificando compartilhamento indevido de dados.

- DLP para Nuvem: protege informações armazenadas em serviços como Google Drive, OneDrive e Dropbox, impedindo acessos não autorizados.

✓ Aplicação prática.

Empresas do setor financeiro, como bancos e seguradoras, utilizam DLP para evitar vazamentos de dados de clientes, bloqueando tentativas de envio de arquivos confidenciais por e-mail ou mensageiros corporativos. Um caso real ocorreu com um grande banco que implementou DLP para monitorar documentos internos, reduzindo em 80% os incidentes de compartilhamento indevido de informações estratégicas.

8.7.2 Processamento de Linguagem Natural (NLP): Organização e Indexação Inteligente de Documentos.

✓ Como funciona?

O Processamento de Linguagem Natural (NLP) permite que máquinas compreendam e processem textos escritos da mesma forma que os humanos. Essa tecnologia emprega modelos baseados em IA que analisam o conteúdo semântico de documentos, categorizando-os automaticamente.

Entre as principais funcionalidades do NLP estão:

* Extração de palavras-chave e entidades (Named Entity Recognition - NER): identifica nomes de pessoas, empresas, locais e datas em documentos.

* Classificação automática de textos: agrupa documentos por categorias, como contratos, relatórios financeiros ou comunicações internas.

* Análise de sentimentos: utilizado para interpretar a intenção e a emoção por trás dos textos, útil em análise de atendimento ao cliente e feedbacks.

✓ Aplicação prática

Grandes escritórios jurídicos e departamentos de compliance utilizam NLP para indexar e recuperar rapidamente documentos legais e regulatórios. Um exemplo é a IBM Watson Discovery, que permite a busca inteligente em milhões de documentos legais com base no contexto, reduzindo drasticamente o tempo de análise jurídica.

8.7.3   Reconhecimento Óptico de Caracteres (OCR): Transformando Documentos Escaneados em Dados Digitais.

Como funciona?

A tecnologia de Reconhecimento Óptico de Caracteres (OCR) converte textos impressos e manuscritos em documentos digitais pesquisáveis. O OCR analisa as imagens escaneadas, identifica padrões alfabéticos e numéricos e os converte para formatos editáveis, como PDF pesquisável ou texto estruturado.

Os principais avanços recentes no OCR incluem:

- OCR baseado em IA: Reduz erros ao reconhecer caracteres em diferentes idiomas e caligrafias.

- Detecção de tabelas e gráficos: Identifica e preserva formatações complexas.

- Integração com NLP: Permite que documentos OCRizados sejam classificados automaticamente.

✓ Aplicação prática

O setor de saúde tem sido um dos maiores beneficiados pelo OCR. Hospitais e clínicas utilizam essa tecnologia para digitalizar prontuários médicos e exames antigos, garantindo que as informações sejam acessíveis de forma rápida e segura.

Empresas como o Google desenvolveram soluções como o Tesseract OCR, uma das ferramentas de código aberto mais utilizadas para conversão de documentos físicos em arquivos pesquisáveis.

8.7.4 Ferramentas de Visualização de Redes: Identificação de Relações em Dados Dispersos

✓ Como funciona?

Softwares de análise de grafos e visualização de redes permitem identificar conexões ocultas entre entidades informacionais. Essas ferramentas estruturam dados dispersos em forma de redes, onde cada nó representa uma entidade (como um cliente, uma empresa ou um documento) e cada aresta representa uma relação (como transações financeiras ou comunicações).

Os principais benefícios dessas ferramentas incluem:

- Análise de relacionamento entre dados não estruturados.

- Detecção de anomalias e padrões suspeitos em redes complexas.

- Facilidade de navegação por meio de gráficos interativos.

✓ Aplicação prática

Empresas de investigação forense e segurança cibernética utilizam essa tecnologia para identificar padrões de fraude financeira e conexões entre atividades criminosas.

Um exemplo notável é o uso de análise de grafos na Lava Jato, onde investigadores utilizaram ferramentas como o Neo4j para mapear relações entre políticos, empresas e transações suspeitas.

Além disso, empresas como o Facebook e o LinkedIn empregam análise de redes para recomendar conexões profissionais e identificar bots e atividades fraudulentas em suas plataformas.

8.8 Uso de Inteligência Artificial e Automação para Descoberta de Dados.

A inteligência artificial (IA) e a automação estão transformando a forma como as organizações lidam com a descoberta e gestão de dados ocultos. Os avanços em algoritmos de aprendizado profundo, redes neurais convolucionais e outras técnicas de IA abriram novas possibilidades para a identificação e organização de dados não estruturados, que antes eram considerados inacessíveis.

8.8.1 O Poder do Aprendizado Profundo e das Redes Neurais.

Os algoritmos de aprendizado profundo e as redes neurais convolucionais, inspirados no funcionamento do cérebro humano, são capazes de detectar padrões sutis e complexos em grandes volumes de dados não estruturados. Essa capacidade permite:

1 Classificação Automática de Dados.

Redes neurais profundas podem ser treinadas para categorizar automaticamente documentos, imagens, vídeos e outros tipos de dados, reduzindo a necessidade de intervenção humana na classificação de dados empresariais.

Por exemplo, uma empresa de e-commerce pode usar IA para classificar automaticamente as avaliações de clientes em categorias como "positivas", "negativas" e "neutras", permitindo a identificação rápida de problemas e oportunidades de melhoria.

2 Extração de Informações Relevantes.

Algoritmos de IA podem ser usados para extrair informações relevantes de documentos de texto, como nomes de pessoas, empresas, locais e eventos.

Por exemplo, uma empresa de notícias pode usar IA para extrair automaticamente informações sobre eventos de notícias de artigos de jornais, permitindo a criação de bancos de dados de notícias e a análise de tendências.

3   Detecção de Anomalias e Padrões.

Algoritmos de IA podem ser usados para detectar anomalias e padrões em dados não estruturados, como logs de sistemas e dados de sensores.

Por exemplo, uma empresa de segurança cibernética pode usar IA para detectar padrões de comportamento suspeitos em logs de sistemas, permitindo a identificação de ataques cibernéticos e a prevenção de violações de segurança.

4   A Contribuição de Hinton, LeCun e Bengio.

Os trabalhos de Geoffrey Hinton, Yann LeCun e Yoshua Bengio (2015) demonstraram o potencial das redes neurais profundas para a classificação autônoma de grandes volumes de informação. Suas pesquisas revolucionaram o campo da IA, impulsionando o desenvolvimento de novas técnicas e aplicações para a descoberta de dados ocultos.

8.8.2   Benefícios da IA e Automação na Descoberta de Dados.

O uso de IA e automação na descoberta de ativos ocultos oferece diversos benefícios para as organizações:

- Aumento da eficiência: a automação de tarefas de classificação e extração de informações libera os funcionários para se concentrarem em atividades mais estratégicas.

- Melhora da precisão: algoritmos de IA podem analisar grandes volumes de dados com maior precisão do que os humanos, reduzindo o risco de erros e omissões.

- Aceleração da descoberta: a IA permite a análise de dados em tempo real, acelerando a descoberta de informações relevantes e a tomada de decisões.

- Redução de custos: a automação de tarefas de descoberta de dados pode reduzir os custos operacionais e aumentar a produtividade.

8.8.3   Considerações Importantes.

Embora a IA e a automação ofereçam grandes benefícios para a descoberta de dados ocultos, é importante considerar algumas questões importantes:

- Qualidade dos dados de treinamento: a precisão dos algoritmos de IA depende da qualidade dos dados de treinamento. É fundamental garantir que os dados de treinamento sejam representativos e livres de viés.

- Transparência e explicabilidade: é importante que os algoritmos de IA sejam transparentes e explicáveis, permitindo que os usuários compreendam como as decisões são1 tomadas.

- Privacidade e segurança: a coleta e análise de ativos ocultos devem ser realizadas de forma ética e em conformidade com as leis de privacidade e segurança de dados.

Ao adotar uma abordagem estratégica para o uso de IA e automação na descoberta de dados ocultos, as organizações podem transformar informações subutilizadas em inteligência estratégica, impulsionando a inovação e o sucesso nos negócios.

8.9 Metadados e Taxonomias como Facilitadores da Governança.

8.9.1 Metadados: A Linguagem da Descrição Informacional.

Metadados são dados que descrevem outros dados, fornecendo informações contextuais sobre sua origem, formato, relevância e outros atributos. A criação de estruturas de metadados bem definidas permite a descrição formal dos dados ocultos, facilitando sua busca, compreensão e utilização.

✓ Aplicações Práticas.

Em um repositório de documentos corporativos, os metadados podem incluir informações como autor, data de criação, palavras-chave e departamento responsável.

Em um banco de dados de imagens, os metadados podem incluir informações como data de captura, localização, tipo de imagem e descrição do conteúdo.

Em um Data Lake, os metadados são essenciais para saber a origem, o formato e o tratamento que os dados brutos tiveram até aquele momento, auxiliando a LGPD.

✓ A Filosofia da Informação.

Luciano Floridi (2014) destaca a importância da gestão de metadados como um dos pilares da filosofia da informação. A criação de ontologias coerentes do conhecimento organizacional, facilitada pelos metadados, permite a construção de um mapa informacional preciso e acessível.

8.9.2   Taxonomias: A Hierarquia do Conhecimento.

Taxonomias são sistemas de classificação hierárquica que organizam informações em categorias e subcategorias. Elas permitem a estruturação semântica dos dados ocultos, facilitando a navegação e a recuperação de informações relevantes.

Influência da Biblioteconomia Clássica:

Modelos como a Classificação Decimal de Dewey (1876), utilizados na biblioteconomia clássica, continuam a influenciar os padrões modernos de organização de informação digital.

As taxonomias permitem a criação de categorias amplas, como "produtos", "clientes" e "projetos", e subcategorias mais específicas, como "produtos eletrônicos", "clientes corporativos" e "projetos de desenvolvimento".

✓   Aplicações Práticas.

Em um sistema de gestão de documentos, as taxonomias permitem a organização de documentos por departamento, tipo de documento e projeto.

Em um sistema de gestão de produtos, as taxonomias permitem a organização de produtos por categoria, marca e modelo.

8.9.3   A Sinergia Entre Metadados e Taxonomias.

A combinação de metadados e taxonomias oferece uma abordagem poderosa para a governança de dados ocultos.

Os metadados fornecem informações detalhadas sobre os atributos dos dados, enquanto as taxonomias fornecem a estrutura hierárquica para organizar os dados em categorias significativas.

Essa sinergia permite a criação de um sistema de gestão de dados eficiente e eficaz, que facilita a busca, a compreensão e a utilização dos dados ocultos.

Ao investir na criação de estruturas de metadados e taxonomias bem definidas, as organizações podem transformar ativos ocultos em conhecimento estratégico, impulsionando a tomada de decisões e a inovação.

8.10 A Tecnologia Como Aliada na Descoberta e Gestão de Dados Ocultos.

A descoberta e catalogação de ativos ocultos exigem uma abordagem multidisciplinar, que combine técnicas de análise de dados, inteligência artificial e gestão do conhecimento. Apenas por meio da integração dessas estratégias é possível transformar dados invisíveis em ativos informacionais tangíveis.

As ferramentas de extração e classificação de ativos ocultos não apenas melhoram a organização e a segurança das informações, mas também aumentam a produtividade e a eficiência das operações empresariais. Tecnologias como DLP, NLP, OCR e análise de redes são fundamentais para transformar dados não estruturados em ativos estratégicos acessíveis e gerenciáveis.

Ao adotar essas soluções, as organizações conseguem:

- Garantir conformidade regulatória e segurança da informação.

- Otimizar a recuperação e a análise de documentos críticos.

- Reduzir o tempo de busca e categorização de dados.

- Prevenir vazamentos e acessos não autorizados.

Com a rápida evolução dessas tecnologias, as empresas que implementarem estratégias eficientes de governança de ativos ocultos estarão mais preparadas para enfrentar os desafios do mundo digital e extrair valor real de suas informações.

Davenport (2014) destaca que a capacidade de extrair significado de grandes volumes de dados é um fator determinante para a vantagem competitiva na era digital. Sem um arcabouço tecnológico adequado, a descoberta de ativos ocultos permanece um desafio insuperável.

9 O Equilíbrio Entre Ordem e Caos: Política e Governança dos Ativos Ocultos.

A governança de dados sempre foi um pilar essencial da gestão organizacional, mas com o advento da economia digital, sua complexidade se expandiu exponencialmente. Em um cenário onde informações estruturadas e indexadas são apenas a superfície de um oceano vasto de dados não estruturados e ocultos, a necessidade de políticas sólidas de governança se torna imperativa.

A governança de ativos ocultos não é meramente uma questão técnica, mas também um desafio epistemológico e político. Como argumenta Luciano Floridi (2014), a informação não é um dado estático, mas um fenômeno dinâmico que interage com os sistemas sociais e tecnológicos. Assim, uma governança eficaz deve transcender a simples classificação de dados e abordar questões de responsabilidade, acesso, segurança e valor estratégico.

9.1 Princípios de Governança Aplicados a Dados Não Estruturados.

A governança de dados tradicional, com seus pilares de integridade, disponibilidade, confidencialidade e qualidade, precisa de adaptações significativas para lidar com a complexidade dos dados não estruturados, também conhecidos como ativos ocultos.

A natureza heterogênea e a falta de padronização desses dados exigem uma abordagem flexível e dinâmica.

9.1.1 Descobrabilidade[1]: Acessibilidade Controlada em Meio à Desordem.

Encontrar dados relevantes em meio a um mar de informações não estruturadas é um desafio crucial. A descobrabilidade garante que os dados sejam rastreáveis e acessíveis dentro de limites predefinidos, evitando a redundância e a perda de oportunidades.

Davenport (2014) enfatiza que a incapacidade de encontrar informações relevantes leva à redundância e perda de oportunidades. A descobrabilidade é crucial para que a informação esteja disponível para as pessoas certas no momento certo.

Exemplo: Imagine uma empresa com milhares de documentos armazenados em pastas compartilhadas. A implementação de um sistema de busca inteligente, com indexação de conteúdo e metadados, permite que os funcionários encontrem rapidamente os documentos relevantes para suas tarefas.

9.1.2 Classificação Dinâmica: Adaptabilidade ao Contexto em Evolução.

Ao contrário dos dados estruturados, que seguem um modelo predefinido, os ativos ocultos exigem uma classificação que evolua conforme o contexto organizacional e as necessidades regulatórias.

A classificação dinâmica permite que a organização se adapte às mudanças no ambiente de negócios e às novas regulamentações, garantindo a conformidade e a relevância dos dados.

---

[1] O conceito de descobrabilidade refere-se à capacidade de um dado, informação ou recurso ser facilmente encontrado, acessado e utilizado dentro de um ambiente digital ou organizacional.

Exemplo: Uma empresa de mídia social precisa adaptar sua classificação de conteúdo para lidar com a evolução das tendências e a crescente preocupação com a desinformação. A classificação dinâmica permite que a empresa ajuste seus algoritmos de classificação para priorizar conteúdo relevante e confiável.

9.1.3   Minimização de Riscos: proteção contra a exploração e a manipulação.

Dados não estruturados sem governança podem se tornar vetores de exploração e manipulação, expondo a organização a riscos regulatórios, de reputação e financeiros.

Zuboff (2019) alerta para os perigos da vigilância e da manipulação de dados, destacando a importância da governança para proteger a privacidade e a segurança dos indivíduos.

Exemplo: Uma empresa de saúde precisa proteger os dados confidenciais de seus pacientes contra acesso não autorizado e uso indevido. A implementação de controles de acesso rigorosos, criptografia de dados e políticas de privacidade claras ajuda a minimizar os riscos.

9.1.4   Valoração contínua: avaliação iterativa do valor estratégico.

Nem todo dado oculto precisa ser preservado. A valoração contínua permite que a organização avalie o valor estratégico dos dados e decida quais dados devem ser mantidos, arquivados ou excluídos.

A avaliação iterativa do valor estratégico dos dados permite que a organização otimize seus recursos de armazenamento e análise, concentrando-se nos dados que realmente importam.

Exemplo: Uma empresa de pesquisa e desenvolvimento pode avaliar o valor estratégico de seus dados de pesquisa antigos para decidir quais dados devem ser mantidos para referência futura. A valoração contínua permite que a empresa evite o acúmulo de dados desnecessários e concentre-se nos dados que podem gerar novos insights e inovações.

Ao adaptar os princípios tradicionais de governança à realidade dos dados não estruturados, as organizações podem transformar seus ativos ocultos em informações valiosas, impulsionando a tomada de decisões estratégicas e a inovação.

9.2   Frameworks e Modelos de Gestão para Ativos Ocultos.

Vários frameworks podem ser adaptados para a governança de ativos ocultos, incluindo:

- COBIT (Control Objectives for Information and Related Technologies): embora tradicionalmente aplicado à governança de TI, o COBIT pode ser expandido para estabelecer diretrizes de controle e monitoramento de dados ocultos.

- DAM (Data Asset Management): o modelo de gestão de ativos de dados enfatiza a criação de metadados, processos de indexação e auditoria contínua.

- GDPR e LGPD Compliance Frameworks: estes frameworks regulatórios impõem a necessidade de rastreamento e proteção de informações não estruturadas.

Bowker e Star (1999) enfatizam que os sistemas de classificação são construções sociais e requerem adaptação à realidade dinâmica da organização.

9.3 Definição de Responsabilidades e Papéis na Organização.

A governança eficaz de ativos ocultos exige uma estrutura organizacional clara, com papéis e responsabilidades bem definidos. A definição de papéis específicos garante que todas as etapas do ciclo de vida dos dados sejam cobertas, desde a identificação e captura até a análise e proteção.

9.3.1 Chief Data Officer (CDO): o Líder da Governança de Dados.

O CDO é o principal responsável pela implementação das políticas de governança de dados na organização.

Suas responsabilidades incluem:

- Definir a estratégia de governança de dados.

- Estabelecer políticas e padrões para a gestão de dados.

- Liderar a equipe de governança de dados.

- Garantir a conformidade com as regulamentações de dados.

- Promover a cultura de dados na organização.

9.3.2 Data Stewards: os Guardiões dos Dados.

Os Data Stewards são os administradores dos repositórios de dados, responsáveis por garantir a conformidade com as políticas de governança e o acesso adequado aos dados.

Suas responsabilidades incluem:

- Garantir a qualidade e a integridade dos dados.

- Implementar controles de acesso aos dados.

- Monitorar o uso dos dados.

- Resolver problemas relacionados aos dados.

- Documentar os metadados dos dados.

9.3.3 Auditores de dados: os Fiscalizadores da Precisão e Segurança.

Os auditores de dados são os profissionais encarregados de revisar a segurança e a precisão dos dados armazenados na organização.

Suas responsabilidades incluem:

- Realizar auditorias regulares dos dados.

- Identificar e relatar problemas de segurança e precisão dos dados.

- Recomendar melhorias nos processos de governança de dados.

- Garantir a conformidade com as regulamentações de auditoria.

9.3.4 Equipes de Segurança e Compliance: os Protetores dos Dados.

As equipes de segurança e compliance são responsáveis por monitorar os riscos relacionados aos dados e garantir a conformidade com as regulamentações de dados.

Suas responsabilidades incluem:

- Implementar medidas de segurança para proteger os dados.

- Monitorar as atividades de acesso aos dados.

- Realizar avaliações de risco de segurança de dados.

- Garantir a conformidade com as regulamentações de privacidade e segurança de dados.

- Responder a incidentes de segurança de dados.

9.4 A Importância da Colaboração.

A governança eficaz de ativos ocultos exige a colaboração entre todos os papéis e responsabilidades. A comunicação clara e a coordenação entre as equipes são fundamentais para garantir que os dados sejam gerenciados de forma eficiente e segura.

Exemplo Prático:

Em uma empresa de serviços financeiros, o CDO pode definir a política de governança de dados para a proteção de dados confidenciais de clientes. Os Data Stewards podem implementar controles de acesso aos dados de clientes e monitorar o uso desses dados. Os auditores de dados podem realizar auditorias regulares para garantir a precisão e a segurança dos dados de clientes. As equipes de segurança e compliance podem monitorar as atividades de acesso aos dados de clientes e responder a incidentes de segurança de dados.

9.5 Políticas de Retenção, Descarte e Arquivamento Seguro.

A gestão eficaz de ativos ocultos exige a implementação de políticas robustas de retenção, descarte e arquivamento seguro. Essas políticas garantem que os dados sejam gerenciados de forma responsável, minimizando riscos legais, otimizando recursos e preservando informações essenciais.

9.5.1 Retenção: Definindo o Tempo de Vida dos Dados.

A retenção de dados não estruturados deve ser baseada em sua relevância para o negócio, requisitos regulatórios e considerações de privacidade. É fundamental definir prazos de retenção claros e documentados para cada tipo de dado, evitando o acúmulo desnecessário de informações.

Critérios para Definir Prazos de Retenção:

- Requisitos legais e regulatórios: algumas leis e regulamentações exigem a retenção de determinados tipos de dados por um período específico.

- Necessidades do negócio: os dados relevantes para a tomada de decisões estratégicas, o desenvolvimento de produtos e serviços, e a proteção de propriedade intelectual devem ser retidos por um período adequado.

- Considerações de privacidade: os dados pessoais devem ser retidos apenas pelo tempo necessário para cumprir a finalidade para a qual foram coletados.

Exemplo: Uma empresa de serviços financeiros precisa reter registros de transações por um período mínimo de cinco anos para cumprir as regulamentações antifraude.

9.5.2 Descarte: Eliminando Informações Obsoletas de Forma Segura.

O descarte seguro de informações obsoletas é fundamental para minimizar riscos legais, proteger a privacidade e otimizar o uso de recursos de armazenamento. É importante definir critérios claros para a eliminação de dados, garantindo que o processo seja realizado de forma segura e auditável.

Critérios para o Descarte de Dados:

- Dados obsoletos: informações que não são mais relevantes para o negócio ou para fins legais devem ser descartadas.

- Dados duplicados ou redundantes: informações duplicadas ou redundantes devem ser eliminadas para evitar o desperdício de recursos.

- Dados confidenciais: informações confidenciais devem ser descartadas de forma segura, utilizando métodos como a destruição física de mídias ou a exclusão segura de arquivos digitais.

Exemplo: Uma empresa de tecnologia descarta regularmente registros de logs de sistemas que não são mais necessários para fins de segurança ou auditoria.

9.5.3   Arquivamento Seguro: Preservando Informações Essenciais.

O arquivamento seguro de dados essenciais é fundamental para garantir a continuidade dos negócios, a conformidade legal e a proteção de propriedade intelectual. É importante implementar políticas de criptografia e backup para preservar os dados de forma segura e acessível.

Políticas de Arquivamento Seguro:

- Criptografia: os dados confidenciais devem ser criptografados durante o armazenamento e a transmissão.

- Backup: os dados essenciais devem ser copiados e armazenados em locais seguros e redundantes.

- Controles de Acesso: o acesso aos dados arquivados deve ser restrito a usuários autorizados.

- Auditoria: o processo de arquivamento deve ser auditado regularmente para garantir a conformidade com as políticas e regulamentações.

Exemplo: Uma empresa farmacêutica arquiva dados de pesquisa e desenvolvimento em um cofre digital criptografado e realiza backups regulares em servidores remotos.

9.5.4   A Importância da Implementação de Políticas Adequadas.

Davenport (2014) destaca que organizações que falham na implementação de políticas de retenção e descarte frequentemente enfrentam riscos legais e operações ineficientes.

A implementação de políticas robustas de retenção, descarte e arquivamento seguro é fundamental para garantir a gestão responsável de ativos ocultos e o sucesso da organização.

10 Governança de Dados Não Estruturados no Contexto da LGPD e Outras Regulações.

Na era da informação, a governança de dados deixou de ser um luxo e tornou-se uma necessidade estratégica para as organizações. Contudo, em meio a esse novo paradigma, os dados não estruturados representam um desafio à parte.

Com a crescente rigidez de regulações como a Lei Geral de Proteção de Dados (LGPD), o Regulamento Geral sobre a Proteção de Dados (GDPR) e outras normativas globais, as empresas precisam garantir conformidade não apenas com suas bases estruturadas, mas também com os vastos repositórios de informações dispersas e ocultas.

Shoshana Zuboff (2019), ao discutir o capitalismo de vigilância, ressalta que o controle sobre os dados tornou-se um dos maiores desafios políticos e econômicos do século XXI. Nesse contexto, compreender como a governança de dados não estruturados interage com a legislação vigente é essencial para mitigar riscos e garantir segurança informacional.

10.1   Como Garantir Conformidade com Leis de Proteção de Dados.

A conformidade com regulações como a LGPD e o GDPR exige que as organizações adotem princípios essenciais de segurança e transparência na gestão de dados.

Entre os principais requisitos regulatórios, destacam-se:

- Princípio da finalidade: a coleta e o armazenamento de dados devem ser justificados por um objetivo claro e legítimo.

- Consentimento e controle: usuários devem ter total transparência e controle sobre seus dados, podendo solicitar a exclusão ou alteração.

- Direito ao esquecimento: a empresa deve garantir que dados não necessários sejam devidamente eliminados.

- Segurança e proteção: o armazenamento e processamento de informações devem ser realizados sob medidas rigorosas de segurança.

Dentre as dificuldades impostas pela conformidade está a gestão de dados ocultos, pois muitas organizações sequer têm conhecimento pleno sobre onde e como essas informações estão armazenadas. Davenport (2014) destaca que a ausência de visibilidade sobre os ativos informacionais compromete a capacidade de aderência às normativas.

Para enfrentar esse desafio, é fundamental que as empresas:

- Realizem auditorias internas para mapear a presença de ativos ocultos em documentos, e-mails, sistemas legados e outros repositórios não estruturados.

- Implementem Data Discovery e Data Mapping, utilizando ferramentas automatizadas para rastrear e classificar dados sensíveis.

- Treinem suas equipes para garantir que todos os colaboradores compreendam os requisitos legais e atuem conforme as diretrizes da governança de dados.

10.2   Estratégias para Evitar Exposição de Dados Sensíveis.

A exposição inadvertida de dados sensíveis é um dos maiores riscos enfrentados pelas organizações. Ativos ocultos podem conter informações pessoais, dados financeiros e registros confidenciais, que, se acessados indevidamente, resultam em violações regulatórias e penalidades severas.

Para prevenir esses incidentes, é necessário adotar medidas como:

- Criptografia de ponta a ponta: todas as informações armazenadas devem ser protegidas contra acessos não autorizados.

- Gestão de Acessos: definição rigorosa de permissões para que apenas usuários autorizados possam acessar determinados dados.

- Anonimização e pseudonimização: dados sensíveis devem ser mascarados quando utilizados em processos analíticos ou de teste.

- Monitoramento contínuo: implementação de sistemas de detecção de anomalias para identificar movimentação indevida de dados.

11 Auditoria e Rastreabilidade da Informação Oculta.

A auditoria e a rastreabilidade são componentes cruciais para a governança de dados não estruturados, garantindo a conformidade com regulamentações e a responsabilidade na gestão da informação. Sem um rastreamento eficiente, as organizações podem enfrentar dificuldades para demonstrar conformidade perante órgãos reguladores e para investigar incidentes de segurança.

11.1   Melhores Práticas para Auditoria e Rastreabilidade.

11.1.1   Uso de BLOCKCHAIN: IMUTABILIDADE e TRANSPARÊNCIA na TRILHA de AUDITORIA.

O blockchain, como proposto por Nakamoto (2008), oferece um registro imutável de transações e acessos a dados. Isso cria uma trilha de auditoria transparente e confiável, que pode ser usada para verificar a integridade dos dados e rastrear as atividades de acesso.

O blockchain pode ser usado para registrar as alterações feitas em documentos, os acessos aos dados e as transações realizadas com os dados. Isso garante que todas as atividades sejam registradas de forma segura e transparente.

Exemplo: Uma empresa de logística pode usar o blockchain para rastrear o movimento de mercadorias ao longo da cadeia de suprimentos, garantindo a transparência e a segurança das transações.

11.1.2   Soluções de data lineage: rastreamento da origem e transformação dos dados.

As soluções de data lineage permitem rastrear a origem e a transformação dos dados ao longo de seu ciclo de vida. Isso permite que as organizações saibam exatamente de onde um dado veio, como foi alterado e por quem foi acessado.

As ferramentas de data lineage podem ser usadas para criar mapas visuais do fluxo de dados, facilitando a identificação de problemas de qualidade de dados e a investigação de incidentes de segurança.

Exemplo: Uma empresa de análise de dados pode usar o data lineage para rastrear a origem dos dados usados em seus relatórios, garantindo a precisão e a confiabilidade das informações.

11.1.3 Auditorias Periódicas: Garantindo a Eficácia Contínua da Governança.

A implementação de auditorias periódicas é fundamental para garantir que os processos de governança de dados continuem eficazes e em conformidade com as normativas.

As auditorias devem abranger todos os aspectos da governança de dados, incluindo a qualidade dos dados, a segurança dos dados, a conformidade regulatória e a eficácia dos controles internos.

Exemplo: Uma instituição financeira pode realizar auditorias trimestrais para verificar a conformidade com as regulamentações de proteção de dados e identificar possíveis vulnerabilidades de segurança.

11.2 Benefícios da Auditoria e Rastreabilidade

A auditoria e a rastreabilidade desempenham um papel essencial na governança de dados, permitindo que as organizações não apenas gerenciem suas informações de forma eficiente, mas também garantam conformidade regulatória, segurança e transparência.

Em um mundo onde os dados se tornaram um ativo estratégico, a capacidade de monitorar, rastrear e auditar cada movimentação da informação tornou-se um diferencial competitivo e uma exigência regulatória.

11.2.1 Conformidade Regulatória: A Base para a Segurança Jurídica.

A crescente onda de regulamentações sobre privacidade e proteção de dados, como o Regulamento Geral sobre a Proteção de Dados (GDPR) na União Europeia e a Lei Geral de Proteção de Dados (LGPD) no Brasil, exige que as empresas adotem práticas rigorosas de auditoria e rastreabilidade. Esses mecanismos são fundamentais para garantir que os dados sejam coletados, armazenados e processados de maneira ética e legal.

Por exemplo, em 2018, o escândalo da Cambridge Analytica revelou o uso indevido de dados de milhões de usuários do Facebook sem consentimento, resultando em multas e sanções severas. Empresas que implementam auditorias periódicas e rastreabilidade eficaz conseguem mitigar riscos e evitar penalidades financeiras e danos à reputação.

Dessa forma, manter uma trilha de auditoria bem estruturada permite que as organizações demonstrem conformidade regulatória em auditorias externas e inspeções governamentais, reduzindo o risco de violações legais.

11.2.2 Responsabilidade e Transparência: Controlando o Fluxo de Informações.

A auditoria e a rastreabilidade também desempenham um papel crucial na responsabilização dos envolvidos na gestão de dados. O conceito de data lineage (rastreabilidade dos dados) permite mapear todo o ciclo de vida da informação, identificando a origem, transformações e destinos dos dados dentro de um sistema.

Com essa abordagem, caso ocorra um erro ou vazamento de informação, é possível identificar precisamente quem acessou, modificou ou compartilhou determinados dados. Empresas do setor financeiro, como bancos e seguradoras, utilizam amplamente a rastreabilidade para garantir que todas as transações sejam registradas e auditáveis.

Um exemplo prático é o setor bancário, onde o Banco Central do Brasil exige que instituições financeiras mantenham registros detalhados de movimentações para fins de fiscalização e controle de fraudes.

A transparência proporcionada pela auditoria e pelo data lineage também melhora a comunicação interna dentro das empresas. Equipes de TI, compliance e negócios podem trabalhar em conjunto para garantir que os dados sejam tratados corretamente, reduzindo inconsistências e falhas operacionais.

11.2.3 Segurança dos Dados: Prevenção contra Ameaças e Acessos Indevidos.

A proteção contra acessos não autorizados e vazamentos de dados tornou-se uma prioridade para empresas de todos os setores. A auditoria e a rastreabilidade atuam como um sistema de defesa proativo, permitindo identificar e mitigar ameaças antes que se tornem problemas graves.

Empresas que operam em setores críticos, como saúde e telecomunicações, precisam garantir que dados sensíveis – como registros médicos ou informações financeiras – estejam protegidos contra acessos indevidos. Um exemplo notório foi o ataque cibernético à Equifax, em 2017, que expôs dados financeiros de 147 milhões de pessoas.

A ausência de controles rigorosos de rastreamento e monitoramento contribuiu para a demora na detecção do ataque, agravando os impactos do vazamento.

Por meio da implementação de logs de auditoria detalhados, empresas podem identificar comportamentos suspeitos, como tentativas de acesso não autorizado, e tomar medidas preventivas, como a revogação de credenciais ou a ativação de alertas de segurança. Além disso, mecanismos de autenticação multifator e criptografia complementam a segurança dos dados ao limitar o acesso apenas a usuários autorizados.

11.2.4   Qualidade dos Dados: Garantindo Precisão e Confiabilidade.

Além da conformidade e segurança, a auditoria e a rastreabilidade também desempenham um papel fundamental na gestão da qualidade dos dados. O data lineage permite rastrear inconsistências e erros na informação, garantindo que as bases de dados utilizadas para tomadas de decisão estejam corretas e confiáveis.

Organizações que dependem fortemente de análise de dados, como e-commerces e empresas de marketing digital, precisam garantir que seus dados sejam precisos e atualizados. Se um erro for detectado em um relatório de vendas, por exemplo, a rastreabilidade dos dados permite identificar rapidamente onde ocorreu a falha – seja no momento da coleta, no processamento ou na interpretação dos números.

Um exemplo real de melhoria na qualidade dos dados por meio da rastreabilidade foi a adoção do GDPR no setor farmacêutico europeu. Empresas desse setor foram obrigadas a implementar práticas rigorosas de auditoria para garantir que seus registros de pacientes fossem precisos, completos e atualizados. Isso resultou em uma melhoria substancial na confiabilidade das informações utilizadas para pesquisas e desenvolvimento de medicamentos.

Concluindo.

A auditoria e a rastreabilidade transcendem a simples necessidade de conformidade legal; elas representam um pilar fundamental para qualquer estratégia eficaz de governança de dados. Empresas que adotam essas práticas não apenas evitam riscos regulatórios e de segurança, mas também fortalecem sua reputação, melhoram a qualidade de seus dados e garantem um ambiente digital mais transparente e responsável.

12 Da Informação ao Conhecimento: Cultura Organizacional e Mudança de Mentalidade.

Toda organização é, antes de tudo, um sistema vivo de interações e fluxos de conhecimento. A maneira como os colaboradores percebem, gerenciam e compartilham informações define a capacidade da instituição de se adaptar, inovar e gerar valor. No entanto, em muitas empresas, os dados permanecem fragmentados, dispersos e subutilizados devido a uma cultura organizacional que não valoriza a gestão do conhecimento de forma estruturada.

A mudança de mentalidade é um fator crítico na governança dos ativos ocultos. Como argumentam Nonaka e Takeuchi (1995), a criação do conhecimento organizacional depende de um equilíbrio entre conhecimento explícito e tácito, exigindo processos que incentivem a documentação, a colaboração e a disseminação estruturada da informação.

12.1 Sensibilização e Engajamento dos Colaboradores.

A resistência à mudança é um fenômeno comum no ambiente organizacional. Kurt Lewin (1947), pioneiro nos estudos sobre dinâmicas de grupo e mudança organizacional, propõe que a transformação cultural ocorre em três estágios: descongelamento, mudança e recongelamento.

O primeiro passo para implementar uma nova abordagem à governança de dados é criar um senso de urgência e consciência sobre a importância do tema.

Os métodos para sensibilização incluem:

- Narrativas organizacionais: histórias de casos reais de perda de conhecimento e impactos negativos da fragmentação de informação ajudam a ilustrar a relevância do tema.

- Gamificação e desafios: implementar competições saudáveis entre equipes para incentivar a organização e documentação de dados.

- Alinhamento com objetivos estratégicos: demonstrar como a gestão de ativos ocultos impacta a eficiência operacional e a inovação.

John Kotter (1996) enfatiza que a criação de uma "coalizão guiadora" — líderes e influenciadores internos que promovam ativamente a mudança — é essencial para sustentar a transformação.

12.2 Treinamento e Boas Práticas para a Gestão de Ativos Ocultos.

A capacitação dos colaboradores deve ir além de um treinamento pontual e tornar-se parte da cultura de aprendizado organizacional.

Algumas boas práticas incluem:

- Workshops periódicos: sessões interativas sobre boas práticas na documentação, indexação e compartilhamento de informação.

- Formatação de guias e procedimentos: criar manuais acessíveis e visualmente intuitivos sobre como lidar com dados ocultos.

- Adoção de ferramentas facilitadoras: incentivar o uso de plataformas de gestão do conhecimento como bases colaborativas, repositórios documentais e ontologias organizacionais.

Peter Senge (1990), em "A Quinta Disciplina", argumenta que organizações que aprendem são aquelas que cultivam pensamento sistémico e encorajam seus membros a compartilhar conhecimento continuamente.

12.3 Incentivo à Documentação e Compartilhamento Estruturado do Conhecimento.

Em um ambiente corporativo dinâmico e competitivo, a informação é um dos ativos mais valiosos. Entretanto, para que ela gere impacto real, é essencial que seja registrada, organizada e compartilhada de maneira eficiente.

Sem um sistema estruturado para a documentação do conhecimento, as empresas correm o risco de perder informações cruciais, replicar esforços desnecessários e comprometer sua capacidade de inovação e adaptação.

Davenport e Prusak (2000) defendem que "o conhecimento organizacional deve ser tratado como um recurso estratégico", exigindo processos formais para sua captura e disseminação. No entanto, a documentação frequentemente é vista como um processo burocrático e pouco atrativo para os colaboradores.

Para superar essa barreira, as organizações devem fomentar um ecossistema que valorize a documentação de maneira eficiente, intuitiva e recompensadora.

12.3.1 Metadados Estruturados: Facilitando a Recuperação da Informação.

A organização do conhecimento começa com a criação de metadados estruturados. Metadados são informações sobre os próprios dados – como título, autor, data de criação, palavras-chave e categorias – que tornam a recuperação da informação mais ágil e eficaz. Quando bem implementados, eles permitem que documentos sejam localizados rapidamente, sem depender de buscas demoradas ou do conhecimento específico de um colaborador sobre onde determinado arquivo foi salvo.

Por exemplo, instituições acadêmicas e centros de pesquisa utilizam amplamente metadados em seus repositórios digitais para catalogar publicações científicas. Empresas como a Google e a Microsoft adotam padrões robustos de metadados para facilitar a pesquisa interna de documentos e melhorar a acessibilidade do conhecimento corporativo.

Para implementar metadados estruturados de forma eficaz, as organizações podem adotar boas práticas como:

- Definir um padrão organizacional de categorização que contemple as necessidades de diferentes departamentos.

- Automatizar a indexação de documentos com ferramentas de inteligência artificial que categorizam conteúdos automaticamente com base no seu contexto.

- Estabelecer políticas de nomenclatura e versionamento, garantindo que documentos atualizados sejam facilmente identificados e acessados.

A longo prazo, essa estrutura melhora a produtividade e reduz o tempo gasto na busca por informações, garantindo que o conhecimento organizacional esteja sempre acessível para os colaboradores.

12.3.2   Cultura de Relatos e Registros: Preservando a Memória Organizacional.

Além da estruturação técnica da documentação, é fundamental criar uma cultura organizacional que valorize o registro contínuo de aprendizados, decisões e eventos críticos.

Muitas organizações sofrem com a chamada "amnésia corporativa", na qual experiências valiosas se perdem quando colaboradores mudam de cargo ou deixam a empresa.

Para evitar essa perda de conhecimento, as organizações devem estimular práticas como:

• Registro de decisões estratégicas: cada grande decisão deve ser documentada, explicando os motivos por trás da escolha e as alternativas consideradas.

• Documentação de reuniões importantes: criar resumos objetivos e compartilhar em plataformas acessíveis aos envolvidos.

• Aprendizados de projetos e iniciativas: cada projeto concluído deve gerar um relatório de lições aprendidas, registrando sucessos e desafios enfrentados.

Grandes empresas como a NASA são conhecidas por seu compromisso com a documentação do conhecimento. Para evitar que erros do passado sejam repetidos, a agência espacial mantém registros detalhados de cada missão, incluindo falhas e aprendizados críticos. Essa prática é essencial para a melhoria contínua e para a preservação da memória institucional.

12.3.3 Recompensas por Compartilhamento de Conhecimento: Criando um Ciclo Positivo.

Mesmo com processos e tecnologias eficientes, a documentação do conhecimento depende do engajamento dos colaboradores. Para incentivar a participação ativa, as organizações devem adotar "mecanismos de reconhecimento" que valorizem aqueles que contribuem para a disseminação do conhecimento interno.

Algumas estratégias eficazes incluem:

• Programas de gamificação: criar desafios e recompensas para equipes que mais contribuem com a organização de informações.

• Reconhecimento público: destacar colaboradores que se engajam na documentação e compartilham insights valiosos.

• Benefícios e incentivos: oferecer bônus, dias de folga ou outras vantagens para aqueles que ajudam a consolidar o conhecimento institucional.

Empresas como a Google adotam programas internos de incentivo à troca de conhecimento, promovendo hackathons e fóruns colaborativos que premiam ideias inovadoras e boas práticas de gestão do conhecimento. Esse tipo de abordagem cria um ambiente onde os funcionários se sentem motivados a registrar e compartilhar informações de forma contínua.

12.4 Documentação e Compartilhamento Como Diferencial Estratégico.

O incentivo à documentação e ao compartilhamento estruturado do conhecimento não é apenas uma medida operacional – é um diferencial estratégico.

Organizações que implementam boas práticas de gestão da informação tornam-se mais ágeis, inovadoras e resilientes, garantindo que seu patrimônio intelectual seja preservado e ampliado ao longo do tempo.

Ao combinar metadados estruturados, cultura de relatos e incentivos bem definidos, as empresas criam um ambiente propício para que o conhecimento seja compartilhado de maneira eficiente e valorizada por todos.

Como enfatiza Peter Senge (1990), "as organizações que aprendem são aquelas que transformam a experiência em conhecimento coletivo" – e essa transformação começa com a documentação estruturada e o incentivo contínuo ao compartilhamento.

12.5   Considerações Finais.

A mudança de mentalidade para a gestão de ativos ocultos não ocorre de forma espontânea. É necessário implementar estratégias que sensibilizem os colaboradores, promovam treinamentos eficazes e incentivem a documentação sistemática do conhecimento.

As organizações que conseguem transformar sua cultura em direção a uma gestão inteligente da informação se destacam não apenas pela eficiência operacional, mas também pela capacidade de inovação e adaptação em um mundo cada vez mais orientado por dados.

13 Casos de Uso e Aplicações Práticas da Governança de Dados Ocultos.

A governança de dados não é apenas um conceito abstrato ou uma exigência regulatória; é uma prática concreta que, quando implementada de maneira eficiente, gera resultados tangíveis para as organizações. Empresas que estruturaram processos para identificar, gerenciar e extrair valor dos ativos ocultos alcançaram eficiência operacional, redução de riscos e vantagem competitiva no mercado.

Como afirma Thomas Davenport (2014), "as organizações que aprendem a transformar seus dados em insights acionáveis se tornam líderes do futuro".

13.1 Estudos de Caso de Empresas que Implementaram Governança para Dados Ocultos.

13.1.1 Caso 1: Um Banco Global e a Redução de Riscos Regulatórios.

Um dos maiores bancos globais enfrentava um problema significativo: dados não estruturados dispersos em e-mails, mensagens instantâneas e relatórios financeiros estavam colocando a instituição em risco de não conformidade com regulações como o GDPR e a LGPD.

Com a implementação de um sistema de governança baseado em aprendizado de máquina para identificação automática de informações sensíveis, a instituição conseguiu:

- Reduzir em 35% o tempo gasto com auditorias regulatórias.

- Evitar multas de milhões de dólares por não conformidade.

- Criar um repositório centralizado para documentação e rastreamento de dados.

13.1.2   Caso 2: Empresa de Tecnologia e a Eficiência na Recuperação de Conhecimento.

Uma grande empresa de software enfrentava um problema crítico: grande parte do conhecimento organizacional estava disperso em arquivos pessoais de colaboradores, dificultando a colaboração e o reaproveitamento de informação crítica. Ao adotar um sistema de gestão baseado em metadados e inteligência artificial para catalogar automaticamente documentos e anotações, a empresa obteve:

- Um aumento de 40% na produtividade de suas equipes técnicas.

- Uma redução de 50% no tempo de busca por documentos relevantes.

- Melhoria no onboarding de novos colaboradores, garantindo acesso fácil ao histórico de decisões e aprendizados internos.

13.1.3   Caso 3: Hospital Universitário e a Segurança dos Dados de Pacientes.

Na área da saúde, a segurança da informação é crítica. Um hospital universitário lidava com um volume massivo de prontuários médicos armazenados em sistemas legados e arquivos físicos, sem um controle centralizado. A instituição implementou um sistema de classificação automatizada e arquivamento seguro, resultando em:

- Maior proteção contra vazamento de dados sensíveis.

- Redução de 60% nos custos de armazenamento devido à eliminação de dados redundantes.

- Aprimoramento no tempo de resposta para consultas médicas e operações administrativas.

13.2   Benefícios Tangíveis na Gestão Eficiente da Informação

A governança dos ativos ocultos não deve ser encarada apenas como um conjunto de diretrizes técnicas ou uma exigência regulatória, mas sim como um pilar estratégico fundamental para o crescimento e a sustentabilidade das organizações.

A análise de diversos casos práticos demonstra que a implementação eficaz da governança de dados traz benefícios concretos que impactam diretamente a produtividade, a segurança, a conformidade regulatória e a otimização de custos.

Em um mundo cada vez mais impulsionado por dados, empresas que conseguem organizar, proteger e otimizar suas informações obtêm uma vantagem competitiva substancial. Abaixo, exploramos os principais benefícios observados na adoção de práticas eficientes de gestão da informação.

13.2.1   Conformidade Regulatória Aprimorada: Redução de Riscos e Penalidades.

A conformidade com regulamentos de proteção de dados, como a Lei Geral de Proteção de Dados (LGPD) no Brasil e o Regulamento Geral sobre a Proteção de Dados (GDPR) na União Europeia, tornou-se uma prioridade para empresas de todos os setores.

A implementação da governança dos ativos ocultos permite que as organizações mapeiem, classifiquem e controlem seus dados, garantindo que estejam em conformidade com exigências legais.

A falta de governança pode levar a graves penalidades financeiras e danos reputacionais. Um exemplo notório foi o caso da British Airways, que, em 2019, sofreu uma multa de €183 milhões (R$1,1 bilhão na época) por não proteger adequadamente os dados de seus clientes, resultando no vazamento de informações de cerca de 500 mil passageiros.

Com um sistema de auditoria eficaz e rastreabilidade aprimorada, as empresas podem evitar riscos como:

- Armazenamento indevido de informações pessoais sem consentimento explícito.

- Falhas no cumprimento de prazos de retenção e descarte de dados.

- Uso inadequado de informações sensíveis, levando a processos judiciais e sanções.

Empresas que investem na governança da informação garantem transparência e responsabilidade, o que não só evita penalizações como também fortalece a confiança de clientes, parceiros e investidores.

13.2.2   Aumento da Produtividade: Acesso Rápido e Estruturado às Informações.

A desorganização da informação é uma das principais causas de retrabalho e perda de tempo dentro das empresas. Funcionários gastam uma quantidade considerável de horas buscando arquivos, informações de clientes ou registros históricos que deveriam estar facilmente acessíveis.

Segundo um estudo da IDC (International Data Corporation), um profissional médio pode gastar até 30% do seu tempo apenas procurando informações em sistemas internos.

Ao implementar boas práticas de governança de dados ocultos, as empresas conseguem estruturar sua base de conhecimento, garantindo que as informações relevantes estejam sempre disponíveis de forma rápida e intuitiva.

Isso é alcançado por meio de:

- Metadados e categorização eficiente, permitindo buscas otimizadas.

- Sistemas integrados de gestão da informação, reduzindo a fragmentação de dados.

- Automatização de processos de recuperação de documentos, facilitando a localização de ativos ocultos.

Um exemplo prático pode ser observado na Siemens, empresa global de tecnologia e engenharia. Com um enorme volume de dados dispersos em diferentes departamentos, a companhia implementou um sistema de governança de dados baseado em inteligência artificial, otimizando a busca e a análise de informações.

Como resultado, a produtividade interna aumentou significativamente, reduzindo o tempo gasto na recuperação de dados essenciais.

13.2.3 Redução de Custos Operacionais: Eficiência na Gestão de Recursos.

O excesso de dados desorganizados não apenas compromete a produtividade, mas também gera custos desnecessários com armazenamento e infraestrutura.

Empresas que não possuem uma estratégia eficiente de gestão da informação frequentemente enfrentam desafios como:

- Armazenamento redundante de documentos e registros.

- Gastos elevados com servidores e data centers para dados irrelevantes.

- Dificuldade em extrair insights valiosos devido à desorganização da base de conhecimento.

Com a adoção de práticas estruturadas de governança, as organizações podem otimizar sua infraestrutura e reduzir custos de maneira significativa. Um exemplo marcante ocorreu com a General Electric (GE), que, ao revisar sua estratégia de dados, identificou uma grande quantidade de informações duplicadas e obsoletas em seus servidores.

Após um processo de otimização, a empresa conseguiu reduzir seus custos de armazenamento em 50%, além de melhorar a eficiência operacional.

Além disso, o armazenamento de dados desnecessários impacta a sustentabilidade corporativa. Com a crescente preocupação ambiental, empresas que implementam uma política eficiente de retenção e descarte de dados também reduzem o consumo de energia e a pegada de carbono associada ao processamento de informações.

13.2.4 Segurança Aprimorada: Proteção Contra Vazamentos e Acessos Indevidos.

A segurança da informação é um dos maiores desafios da atualidade. Com o aumento das ameaças cibernéticas e o crescimento exponencial dos ataques de ransomware, proteger os dados tornou-se uma necessidade crítica para qualquer organização.

A governança dos ativos ocultos contribui diretamente para a mitigação de riscos, permitindo que as empresas adotem medidas preventivas contra acessos não autorizados e violações de segurança.

A implementação de um sistema de rastreabilidade robusto garante que cada interação com os dados seja registrada e monitorada, permitindo a identificação rápida de atividades suspeitas.

Empresas que adotam boas práticas de auditoria e controle de acessos podem prevenir incidentes como:

- Roubo e vazamento de informações confidenciais.

- Manipulação indevida de dados críticos para o negócio.

- Ataques cibernéticos que exploram falhas na segurança da informação.

Um caso emblemático foi o ataque à Equifax, em 2017, que expôs os dados financeiros de 147 milhões de pessoas devido a vulnerabilidades na governança e segurança dos dados. A falta de controles adequados resultou em uma multa bilionária e no enfraquecimento da reputação da empresa.

Empresas que priorizam a governança de ativos ocultos investem em práticas como:

- Criptografia avançada para proteção de informações sensíveis.

- Autenticação multifator para restringir acessos indevidos.

- Monitoramento contínuo de logs e atividades suspeitas.

Essas medidas não apenas fortalecem a segurança digital, mas também reforçam a confiança dos clientes e parceiros comerciais na organização.

13.3 Lições Aprendidas e Recomendações para Implementação.

A implementação bem-sucedida da governança de ativos ocultos requer um conjunto de boas práticas que podem ser aplicadas a diversos setores.

Entre as principais lições aprendidas, destacam-se:

- A governança de dados deve ser integrada à cultura organizacional. Apenas regras formais não são suficientes; é essencial que os colaboradores compreendam e adotem as práticas de documentação e compartilhamento de conhecimento.

- Automatização é essencial para eficiência. Tecnologias de machine learning e processamento de linguagem natural são fundamentais para identificar e classificar ativos ocultos de maneira escalável.

- A segurança da informação deve ser priorizada. Qualquer sistema de governança de ativos ocultos precisa garantir conformidade com regulações como a LGPD e GDPR, protegendo informações sensíveis contra acessos indevidos.

13.4 Considerações Finais.

Os casos apresentados demonstram que a gestão eficiente dos ativos ocultos não é um desafio intransponível, mas uma oportunidade para as organizações transformarem um passivo informacional em uma vantagem estratégica.

Implementar boas práticas de governança de ativos ocultos não apenas melhora a eficiência organizacional, mas também fortalece a segurança, a conformidade regulatória e a capacidade inovadora das instituições.

Os benefícios tangíveis da governança dos ativos ocultos vão muito além do cumprimento regulatório – eles impactam diretamente a eficiência, a segurança e a sustentabilidade das operações corporativas. Empresas que estruturam suas práticas de gestão da informação colhem vantagens como conformidade aprimorada, produtividade elevada, redução de custos e segurança reforçada.

A transformação digital exige que as organizações adotem uma abordagem estratégica para seus dados, convertendo ativos ocultos em fontes de inteligência competitiva. Aqueles que dominarem essa arte não apenas evitarão riscos, mas também se destacarão em um cenário empresarial cada vez mais orientado pela informação.

14 A Fronteira do Invisível: O Futuro da Governança de Dados Ocultos.

A era digital avança com uma velocidade exponencial, transformando a maneira como interagimos, consumimos e processamos informação. Nesse contexto, a governança de ativos ocultos torna-se um desafio ainda mais complexo e dinâmico. As tecnologias emergentes, impulsionadas pela inteligência artificial (IA), aprendizado de máquina (machine learning) e blockchain, estão remodelando a forma como os dados são descobertos, estruturados e protegidos.

A Web 3.0 e o metaverso prometem expandir ainda mais o escopo da informação descentralizada, criando novos paradigmas para a gestão dos ativos ocultos. Como argumenta Luciano Floridi (2014), a informação não é apenas um reflexo da realidade, mas um elemento constitutivo da nossa existência digital.

14.1 O Papel da Inteligência Artificial e do Machine Learning.

A IA e o aprendizado de máquina estão revolucionando a forma como lidamos com grandes volumes de dados não estruturados.

Essas tecnologias oferecem soluções para:

- Descoberta automática de dados: algoritmos avançados de processamento de linguagem natural (NLP) podem analisar documentos, e-mails, mensagens instantâneas e repositórios de informação, identificando padrões e correlações invisíveis para os humanos.

- Classificação e indexação inteligente: modelos de deep learning conseguem categorizar informações com base em seu conteúdo sem a necessidade de intervenção manual.

- Automatização da conformidade regulatória: ferramentas baseadas em IA podem identificar dados sensíveis e sugerir políticas de retenção e descarte, garantindo adesão às normas como a LGPD e o GDPR.

Yann LeCun, Geoffrey Hinton e Yoshua Bengio (2015), considerados os pioneiros do deep learning, demonstraram que redes neurais profundas podem ser treinadas para reconhecer padrões complexos, permitindo que sistemas autônomos tomem decisões informadas sobre a organização dos dados ocultos.

Além disso, a IA explicável (Explainable AI - XAI) emerge como um fator crítico para garantir a confiabilidade dos sistemas de governança, permitindo que as decisões tomadas por algoritmos sejam compreensíveis e auditáveis.

14.2 Tecnologias Emergentes para Extração e Gestão de Conhecimento.

A revolução na gestão da informação é impulsionada por uma série de tecnologias emergentes que ampliam a capacidade das organizações de lidar com ativos ocultos.

Entre as inovações mais promissoras, destacam-se:

- Blockchain e Dados Imutáveis: O blockchain permite o armazenamento descentralizado de informações com rastreabilidade completa. Nakamoto (2008) introduziu esse conceito para garantir transparência e segurança, o que pode ser aplicado na gestão de metadados e controle de acesso.

- Computação em Borda (Edge Computing): Ao descentralizar o processamento de dados, essa abordagem reduz a latência e melhora a segurança, permitindo que a governança de ativos ocultos ocorra próxima ao local onde os dados são gerados.

- Realidade Aumentada e Interfaces Cognitivas: Tecnologias como realidade aumentada (AR) e interfaces neurais podem criar novos modos de interagir e visualizar dados ocultos, facilitando sua descoberta e organização.

David Weinberger (2011), em "Too Big to Know", argumenta que a própria natureza do conhecimento está mudando, exigindo que as organizações adotem novas ferramentas para navegar no mar de informação dispersa.

14.3   O Impacto da Web 3.0 e do Metaverso na Governança dos Ativos Ocultos.

A Web 3.0 representa uma evolução da internet tradicional para um ambiente mais descentralizado, baseado em blockchain e contratos inteligentes. Sua interação com a governança de ativos ocultos pode trazer implicações profundas:

- Maior Controle sobre Dados Pessoais: Com a descentralização das identidades digitais, usuários podem ter maior autonomia sobre seus próprios dados, reduzindo a necessidade de gestão centralizada.

- Contratos Inteligentes para Políticas de Dados: O uso de contratos inteligentes pode automatizar processos de governança, garantindo que as informações sejam utilizadas de acordo com regras predefinidas.

- Interoperabilidade entre Sistemas: O metaverso pode criar novos desafios para a governança de dados, pois os ativos digitais se moverão entre diferentes plataformas, exigindo padrões de indexação e segurança inovadores.

Como apontado por Berners-Lee (2001), a evolução da Web 3.0 visa transformar a internet em uma "web semântica", onde a própria rede compreende e interpreta dados, tornando a gestão de ativos ocultos um processo automatizado e descentralizado.

15 Teste seu conhecimento.

15.1 Perguntas.

1. Qual das seguintes opções melhor define "ativos ocultos" no contexto da governança de dados?

a) Dados armazenados em bancos de dados tradicionais, mas com acesso restrito.

b) Fragmentos de informação não catalogados, indexados ou estruturados em sistemas formais de gestão.

c) Informações disponíveis apenas para a alta administração de uma empresa.

d) Dados criptografados para proteger informações sensíveis.

2. Quais são as três categorias principais de ativos ocultos identificadas no livro?

a) Dados estruturados, dados não estruturados e conhecimento explícito.

b) Dados não estruturados, dados semiestruturados e conhecimento tácito.

c) Informações confidenciais, dados redundantes e conhecimento implícito.

d) Dados indexados, metadados e informações desatualizadas.

3. Qual é a principal característica dos dados não estruturados que dificulta sua gestão?

a) O alto volume de dados.

b) A complexidade dos metadados associados.

c) A ausência de um modelo predefinido, dificultando a organização, a busca e a análise.

d) A necessidade de software especializado para acesso.

4. Qual dos seguintes NÃO é um exemplo de dado não estruturado?

a) E-mails corporativos.

b) Gravações de reuniões.

c) Imagens e vídeos.

d) Logs de sistemas.

5. Onde se encaixam os logs de sistemas na categorização de dados?

a) Dados não estruturados.

b) Dados semiestruturados.

c) Conhecimento tácito.

d) Dados estruturados.

6. Qual é a definição de conhecimento tácito?

a) Informações documentadas em manuais e relatórios.

b) Dados armazenados em bancos de dados corporativos.

c) O saber acumulado pelos indivíduos em suas experiências profissionais.

d) Conhecimento acessível a todos os membros de uma organização.

7. Qual é o principal desafio que os ativos ocultos representam para a governança de dados?

a) O custo elevado das ferramentas de gestão de dados.

b) A falta de interesse da alta administração em investir em governança de dados.

c) A dificuldade de descoberta devido à sua natureza não estruturada.

d) A complexidade na definição de políticas de acesso aos dados.

8. Por que a falta de governança sobre ativos ocultos aumenta os riscos regulatórios e de conformidade?

a) Porque dificulta a aplicação de técnicas de criptografia.

b) Porque impede a contratação de seguros de proteção de dados.

c) Porque pode conter dados sensíveis sem visibilidade e controle adequados.

d) Porque aumenta a dependência de sistemas legados.

9. Qual é o impacto da segregação do conhecimento (silos de informação) nas organizações?

a) Aumento da eficiência na tomada de decisões.

b) Redução da redundância de informações.

c) Impedimento da colaboração, da inovação e da transferência de conhecimento entre as equipes.

d) Melhora na segurança dos dados.

10. Qual a importância de uma abordagem integrada na gestão de ativos ocultos?

a) Reduzir custos com a implementação de novas tecnologias.

b) Simplificar os processos de auditoria interna.

c) Combinar ferramentas de tecnologia, políticas de governança e estratégias de gestão do conhecimento.

d) Aumentar a capacidade de armazenamento de dados.

11. O que são e-mails corporativos no contexto de dados não estruturados?

a) Um tesouro de informações submersas, contendo discussões estratégicas e decisões informais.

b) Ferramentas de comunicação interna sem valor estratégico.

c) Registros formais de comunicação que já estão catalogados.

d) Dados irrelevantes que devem ser descartados periodicamente.

12. Qual é o risco de manter apresentações e relatórios dispersos em pastas locais?

a) Dificuldade na aplicação de políticas de backup.

b) Aumento da eficiência na colaboração entre equipes.

c) Dificuldade na colaboração e impede a identificação de padrões e tendências.

d) Redução dos custos de armazenamento.

13. Qual é a vantagem de transcrever reuniões e chamadas de vídeo?

a) Otimizar o espaço de armazenamento de dados.

b) Reduzir os custos com softwares de comunicação.

c) Transformar a voz em dados estruturados, permitindo a identificação de temas recorrentes e a análise do sentimento.

d) Simplificar a gestão de agendas dos participantes.

14. O que pode acontecer quando bases de conhecimento internas são desorganizadas?

a) Aumenta a satisfação dos colaboradores com a facilidade de encontrar informações.

b) Melhora a eficiência e a produtividade.

c) Dificulta a recuperação da informação, tornando esses repositórios menos úteis.

d) Otimiza a gestão de documentos corporativos.

15. Qual a importância de analisar a produção documental de uma organização?

a) Reduzir o consumo de papel e impressoras.

b) Aumentar a capacidade de armazenamento de dados.

c) Contêm informações de valor estratégico, mas sua gestão é muitas vezes negligenciada.

d) Otimizar o espaço físico dos arquivos.

16. Qual a contribuição de Ferrucci et al. (2013) para a gestão da informação?

a) A criação de sistemas de gestão documental.

b) A definição de políticas de segurança da informação.

c) Destacaram o papel da inteligência artificial na análise de documentos não estruturados.

d) O desenvolvimento de softwares de CRM (Customer Relationship Management).

17. Qual a importância da teoria da informação de Shannon (1948) para a comunicação corporativa?

a) A otimização das redes de computadores.

b) A segurança dos dados transmitidos.

c) A comunicação eficiente requer não apenas transmissão, mas também a capacidade de recuperar e reutilizar informações significativas.

d) A padronização dos formatos de arquivo.

18. O que são "dados obscuros" (dark data) e qual a sua relevância?

a) Dados criptografados para proteger informações sensíveis.

b) Informações disponíveis apenas para a alta administração.

c) Dados empresariais subutilizados por estarem armazenados em formatos que impedem sua análise e processamento eficiente.

d) Dados que foram eliminados por não serem mais relevantes.

19. O que Nonaka e Takeuchi (1995) destacam sobre o conhecimento organizacional?

a) O conhecimento organizacional está apenas nos documentos formais.

b) O conhecimento organizacional é estático e imutável.

c) O conhecimento organizacional não está apenas nos documentos formais, mas também na cultura corporativa, nos processos intuitivos e nas práticas cotidianas dos colaboradores.

d) O conhecimento organizacional é irrelevante para a tomada de decisões estratégicas.

20. O que a análise de ativos ocultos pode revelar sobre os clientes?

a) Informações detalhadas sobre as necessidades, expectativas e sentimentos dos clientes, permitindo a personalização de produtos e serviços.

b) Dados demográficos básicos, como idade e localização.

c) Informações financeiras confidenciais.

d) Padrões de compra genéricos.

21. Quais são os aspectos que uma abordagem integrada deve abranger para explorar dados ocultos?

a) Identificação, captura, armazenamento, governança, análise e compartilhamento.

b) Apenas identificação e armazenamento seguro.

c) Apenas análise e compartilhamento.

d) Apenas governança e qualidade.

22. Por que dados não governados podem ser considerados passivos ocultos?

a) Porque são de fácil acesso e utilização.

b) Porque não representam riscos para a organização.

c) Porque podem se tornar fonte de riscos regulatórios, fragilidades operacionais e vulnerabilidades cibernéticas.

d) Porque são sempre precisos e confiáveis.

23. O que pode resultar da falta de governança de dados segundo Cohen (2012)?

a) Aumento da eficiência operacional.

b) Redução dos custos de armazenamento.

c) Processos judiciais, sanções financeiras e danos reputacionais irreversíveis.

d) Melhoria na tomada de decisões estratégicas.

24. Qual a importância de mapear e documentar todas as informações dentro de uma organização?

a) Reduzir o número de funcionários.

b) Simplificar a estrutura organizacional.

c) Garantir a conformidade regulatória e evitar riscos legais.

d) Aumentar a capacidade de armazenamento de dados.

25. Qual o impacto de dados desgovernados na tomada de decisões?

a) Melhora a intuição dos gestores.

b) Acelera o processo de decisão.

c) Impactam diretamente a qualidade das decisões empresariais.

d) Reduz a necessidade de análise de dados.

26. O que Schneier (2015) afirma sobre informações desprotegidas?

a) São irrelevantes para a segurança cibernética.

b) São difíceis de serem acessadas por hackers.

c) São alvos fáceis para ciberataques, especialmente quando armazenadas sem criptografia ou protocolos de controle de acesso.

d) Não representam riscos para a organização.

27. O que Zuboff (2019) destaca sobre o acúmulo massivo de dados sem regulação efetiva?

a) Leva a uma maior inovação tecnológica.

b) Aumenta a transparência nas relações comerciais.

c) Leva a um cenário de "capitalismo de vigilância", no qual dados tornam-se moeda de troca entre corporações e governos, muitas vezes sem o consentimento do indivíduo.

d) Fortalece a privacidade dos usuários.

28. Qual a porcentagem de dados empresariais que são imprecisos ou redundantes segundo estudos de Redman (1998)?

a) 5%.

b) 10%.

c) 20%.

d) Até 30%.

29. Qual a importância da análise de fluxos de informação?

a) Otimizar o espaço físico dos arquivos.

b) Simplificar a estrutura organizacional.

c) Identificar onde os ativos informacionais estão sendo gerados e armazenados.

d) Reduzir o número de funcionários.

30. Por que é essencial mapear sistemas legados?

a) Para modernizar a infraestrutura de TI.

b) Para reduzir os custos de manutenção.

c) Para identificar ativos ocultos que podem estar armazenados em formatos obsoletos ou em locais de difícil acesso.

d) Para aumentar a capacidade de armazenamento de dados.

31. Qual é o objetivo das auditorias de conteúdo?

a) Eliminar dados redundantes.

b) Proteger informações confidenciais.

c) Identificar informações de valor estratégico que estavam ocultas.

d) Otimizar o espaço de armazenamento.

32. Por que entrevistar colaboradores é importante na descoberta de dados ocultos?

a) Para avaliar o desempenho dos funcionários.

b) Para identificar informações confidenciais.

c) Para trazer à tona o conhecimento institucional, muitas vezes retido de forma tácita pelos colaboradores.

d) Para reduzir o número de reuniões.

33. Qual o papel das ferramentas de eDiscovery?

a) Monitorar o acesso à internet dos funcionários.

b) Proteger informações contra ataques cibernéticos.

c) Auxiliar na busca, coleta, análise e produção de informações eletrônicas em resposta a litígios, investigações internas ou requisitos regulatórios.

d) Gerenciar o fluxo de documentos na empresa.

34. Qual a utilidade da Inteligência Artificial (IA) e do Aprendizado de Máquina (ML) na análise de dados não estruturados?

a) Reduzir a necessidade de intervenção humana na análise de dados.

b) Simplificar a estrutura dos dados.

c) Permitir a identificação de padrões, tendências e insights que seriam difíceis de detectar por meio de métodos tradicionais.

d) Aumentar a capacidade de armazenamento de dados.

35. O que as ferramentas de análise de texto permitem identificar?

a) Palavras-chave, entidades, sentimentos e relações em documentos de texto.

b) Padrões de acesso à internet dos funcionários.

c) Vulnerabilidades na segurança da rede.

d) Dados financeiros confidenciais.

36. O que Bowker e Star (1999) enfatizam sobre a classificação dos dados?

a) É um processo puramente técnico.

b) Deve ser realizada apenas por especialistas em TI.

c) É um processo social tanto quanto técnico, pois depende de convenções organizacionais e de estruturas cognitivas que definem o que é considerado um dado relevante.

d) É um processo simples e objetivo.

37. Qual a função das soluções de Data Loss Prevention (DLP)?

a) Analisar e monitorar a movimentação de informações sensíveis dentro da rede corporativa.

b) Otimizar o espaço de armazenamento de dados.

c) Proteger informações contra ataques cibernéticos.

d) Gerenciar o fluxo de documentos na empresa.

38. Qual a contribuição dos trabalhos de Geoffrey Hinton, Yann LeCun e Yoshua Bengio (2015)?

a) A criação da internet.

b) O desenvolvimento de sistemas de gestão documental.

c) Demonstraram o potencial das redes neurais profundas para a classificação autônoma de grandes volumes de informação.

d) A definição de políticas de segurança da informação.

39. Quais são os benefícios do uso de IA e automação na descoberta de dados ocultos?

a) Aumento da eficiência, melhora da precisão, aceleração da descoberta e redução de custos.

b) Apenas aumento da eficiência e redução de custos.

c) Apenas melhora da precisão e aceleração da descoberta.

d) Apenas aumento da eficiência e melhora da precisão.

40. O que são metadados?

a) Dados criptografados para proteger informações sensíveis.

b) Informações disponíveis apenas para a alta administração.

c) Dados que descrevem outros dados, fornecendo informações contextuais sobre sua origem, formato, relevância e outros atributos.

d) Dados que foram eliminados por não serem mais relevantes.

41. Qual a importância da gestão de metadados segundo Luciano Floridi (2014)?

a) Reduzir o número de funcionários.

b) Simplificar a estrutura organizacional.

c) É um dos pilares da filosofia da informação, permitindo a construção de um mapa informacional preciso e acessível.

d) Aumentar a capacidade de armazenamento de dados.

42. O que são taxonomias?

a) Sistemas de classificação hierárquica que organizam informações em categorias e subcategorias.

b) Dados criptografados para proteger informações sensíveis.

c) Informações disponíveis apenas para a alta administração.

d) Dados que foram eliminados por não serem mais relevantes.

43. Qual a importância da colaboração entre os papéis e responsabilidades na organização?

a) Atingir maior rapidez nas decisões.

b) Reduzir a necessidade de treinamentos.

c) Garantir que os dados sejam gerenciados de forma eficiente e que as políticas sejam implementadas corretamente.

d) Diminuir a quantidade de reuniões.

44. Quais são os critérios para definir prazos de retenção de dados não estruturados?

a) Requisitos legais, necessidades do negócio e considerações de privacidade.

b) Apenas requisitos legais.

c) Apenas necessidades do negócio.

d) Apenas considerações de privacidade.

45. O que deve ser garantido no descarte seguro de informações obsoletas?

a) Apenas a eliminação dos dados.

b) Apenas a otimização do espaço de armazenamento.

c) Que o processo seja realizado de forma segura e auditável, utilizando métodos como a destruição física de mídias ou a exclusão segura de arquivos digitais.

d) Apenas a redução dos custos de armazenamento.

46. Qual a relação entre a governança de dados não estruturados e a LGPD/GDPR?

a) A LGPD/GDPR não se aplicam a dados não estruturados.

b) A governança de dados não estruturados é irrelevante para a conformidade com a LGPD/GDPR.

c) As empresas precisam garantir conformidade não apenas com suas bases estruturadas, mas também com os vastos repositórios de informações dispersas e ocultas, conforme exigido pela LGPD/GDPR.

d) Apenas dados estruturados são relevantes para a LGPD/GDPR.

47. Quais são os princípios essenciais de segurança e transparência exigidos pela LGPD e GDPR na gestão de dados?

a) Finalidade, consentimento e controle, direito ao esquecimento e segurança e proteção.

b) Apenas segurança e proteção.

c) Apenas finalidade e consentimento.

d) Apenas direito ao esquecimento.

48. O que o uso de blockchain oferece para auditoria e rastreabilidade?

a) Um registro imutável de transações e acessos a dados, criando uma trilha de auditoria confiável e transparente.

b) Apenas maior velocidade no acesso aos dados.

c) Apenas maior capacidade de armazenamento de dados.

d) Apenas maior segurança dos dados.

49. Qual a importância de sensibilizar e engajar os colaboradores na gestão de ativos ocultos?

a) Reduzir o número de funcionários.

b) Simplificar a estrutura organizacional.

c) A maneira como os colaboradores percebem, gerenciam e compartilham informações define a capacidade da instituição de se adaptar, inovar e gerar valor.

d) Aumentar a capacidade de armazenamento de dados.

50. O que Davenport e Prusak (2000) defendem sobre o conhecimento organizacional?

a) O conhecimento organizacional é irrelevante para a tomada de decisões estratégicas.

b) O conhecimento organizacional é estático e imutável.

c) O conhecimento organizacional deve ser tratado como um recurso estratégico, exigindo processos formais para sua captura e disseminação.

d) O conhecimento organizacional está apenas nos documentos formais.

15.2   Respostas.

1. b) Fragmentos de informação não catalogados, indexados ou estruturados em sistemas formais de gestão.

2. b) Dados não estruturados, dados semiestruturados e conhecimento tácito.

3. c) A ausência de um modelo predefinido, dificultando a organização, a busca e a análise.

4. d) Logs de sistemas.

5. b) Dados semiestruturados.

6. c) O saber acumulado pelos indivíduos em suas experiências profissionais.

7. c) A dificuldade de descoberta devido à sua natureza não estruturada.

8. c) Porque pode conter dados sensíveis sem visibilidade e controle adequados.

9. c) Impedimento da colaboração, da inovação e da transferência de conhecimento entre as equipes.

10. c) Combinar ferramentas de tecnologia, políticas de governança e estratégias de gestão do conhecimento.

11. a) Um tesouro de informações submersas, contendo discussões estratégicas e decisões informais.

12. c) Dificuldade na colaboração e impede a identificação de padrões e tendências.

13. c) Transformar a voz em dados estruturados, permitindo a identificação de temas recorrentes e a análise do sentimento.

14. c) Dificulta a recuperação da informação, tornando esses repositórios menos úteis.

15. c) Contêm informações de valor estratégico, mas sua gestão é muitas vezes negligenciada.

16. c) Destacaram o papel da inteligência artificial na análise de documentos não estruturados.

17. c) A comunicação eficiente requer não apenas transmissão, mas também a capacidade de recuperar e reutilizar informações significativas.

18. c) Dados empresariais subutilizados por estarem armazenados em formatos que impedem sua análise e processamento eficiente.

19. c) O conhecimento organizacional não está apenas nos documentos formais, mas também na cultura corporativa, nos processos intuitivos e nas práticas cotidianas dos colaboradores.

20. a) Informações detalhadas sobre as necessidades, expectativas e sentimentos dos clientes, permitindo a personalização de produtos e serviços.

21. a) Identificação, captura, armazenamento, governança, análise e compartilhamento.

22. c) Porque podem se tornar fonte de riscos regulatórios, fragilidades operacionais e vulnerabilidades cibernéticas.

23. c) Processos judiciais, sanções financeiras e danos reputacionais irreversíveis.

24. c) Garantir a conformidade regulatória e evitar riscos legais.

25. c) Impactam diretamente a qualidade das decisões empresariais.

26. c) São alvos fáceis para ciberataques, especialmente quando armazenadas sem criptografia ou protocolos de controle de acesso.

27. c) Leva a um cenário de "capitalismo de vigilância", no qual dados tornam-se moeda de troca entre corporações e governos, muitas vezes sem o consentimento do indivíduo.

28. d) Até 30%.

29. c) Identificar onde os ativos informacionais estão sendo gerados e armazenados.

30. c) Para identificar ativos ocultos que podem estar armazenados em formatos obsoletos ou em locais de difícil acesso.

31. c) Identificar informações de valor estratégico que estavam ocultas.

32. c) Para trazer à tona o conhecimento institucional, muitas vezes retido de forma tácita pelos colaboradores.

33. c) Auxiliar na busca, coleta, análise e produção de informações eletrônicas em resposta a litígios, investigações internas ou requisitos regulatórios.

34. c) Permitir a identificação de padrões, tendências e insights que seriam difíceis de detectar por meio de métodos tradicionais.

35. a) Palavras-chave, entidades, sentimentos e relações em documentos de texto.

36. c) É um processo social tanto quanto técnico, pois depende de convenções organizacionais e de estruturas cognitivas que definem o que é considerado um dado relevante.

37. a) Analisar e monitorar a movimentação de informações sensíveis dentro da rede corporativa.

38. c) Demonstraram o potencial das redes neurais profundas para a classificação autônoma de grandes volumes de informação.

39. a) Aumento da eficiência, melhora da precisão, aceleração da descoberta e redução de custos.

40. c) Dados que descrevem outros dados, fornecendo informações contextuais sobre sua origem, formato, relevância e outros atributos.

41. c) É um dos pilares da filosofia da informação, permitindo a construção de um mapa informacional preciso e acessível.

42. a) Sistemas de classificação hierárquica que organizam informações em categorias e subcategorias.

43. c) Garantir que os dados sejam gerenciados de forma eficiente e que as políticas sejam implementadas corretamente.

44. a) Requisitos legais, necessidades do negócio e considerações de privacidade.

45. c) Que o processo seja realizado de forma segura e auditável, utilizando métodos como a destruição física de mídias ou a exclusão segura de arquivos digitais.

46. c) As empresas precisam garantir conformidade não apenas com suas bases estruturadas, mas também com os vastos repositórios de informações dispersas e ocultas, conforme exigido pela LGPD/GDPR.

47. a) Finalidade, consentimento e controle, direito ao esquecimento e segurança e proteção.

48. a) Um registro imutável de transações e acessos a dados, criando uma trilha de auditoria confiável e transparente.

49. c) A maneira como os colaboradores percebem, gerenciam e compartilham informações define a capacidade da instituição de se adaptar, inovar e gerar valor.

50. c) O conhecimento organizacional deve ser tratado como um recurso estratégico, exigindo processos formais para sua captura e disseminação.

16 Glossário.

1 Ativos Ocultos. Dados valiosos, não catalogados, fora de bancos de dados tradicionais.

2 Data Lake. Repositório centralizado de dados brutos em formato nativo.

3 Data Mesh. Arquitetura descentralizada com dados como produto, governança distribuída.

4 Data Governance. Políticas, processos e padrões para qualidade, segurança e conformidade de dados.

5 Data Lineage. Rastreamento da origem e transformação dos dados.

6 IA Explicável (XAI). Transparência e compreensão de modelos de IA para governança.

7 Meta Dados. Dados sobre dados, informações contextuais sobre a origem e formato.

8 Privacidade Diferencial. Adição de ruído estatístico para proteger a privacidade.

9 Qualidade de Dados. Adequação dos dados para uso pretendido, com precisão e consistência.

10 Tokenização. Substituição de dados sensíveis por tokens não sensíveis.

11 Web Semântica. Extensão da web para compreensão de dados por máquinas.

12 API (Interface de Programação de Aplicativos). Conjunto de regras que permite a comunicação entre diferentes softwares.

13 Big Data. Grandes volumes de dados complexos que exigem ferramentas avançadas de análise.

14 Blockchain. Livro-razão digital descentralizado e imutável para transações seguras.

15 Business Intelligence (BI). Processo de coleta, análise e visualização de dados para tomada de decisões.

16 Cloud Computing. Fornecimento de serviços de computação pela internet, como armazenamento e processamento.

17 Criptografia. Técnica de codificação de dados para proteger sua confidencialidade.

18 Data Catalog. Inventário de dados disponíveis em uma organização, com metadados e informações contextuais.

19 Data Cleansing. Processo de correção de erros e inconsistências nos dados.

20 Data Discovery. Processo de identificação e localização de dados relevantes para análise.

21 Data Encryption. Codificação de dados para proteger sua confidencialidade durante o armazenamento ou transmissão.

22 Data Integration. Combinação de dados de diferentes fontes em um único conjunto de dados coerente.

23 Data Migration. Transferência de dados de um sistema para outro.

24   Data Modeling. Criação de representações visuais da estrutura e relacionamento dos dados.

25   Data Pipeline. Fluxo automatizado de dados de uma fonte para um destino.

26   Data Profiling. Análise de dados para identificar sua estrutura, qualidade e padrões.

27   Data Security. Proteção de dados contra acesso não autorizado, uso indevido ou perda.

28   Data Stewardship. Responsabilidade pela qualidade e integridade de dados específicos.

29   Data Visualization. Representação gráfica de dados para facilitar a compreensão e análise.

30   Deep Learning. Subcampo da IA que usa redes neurais profundas para aprendizado complexo.

31   Edge Computing. Processamento de dados próximo à fonte de geração, reduzindo a latência.

32   ETL (Extração, Transformação e Carga). Processo de movimentação de dados de uma fonte para um destino.

33   IA Generativa. Tipo de IA que cria novos conteúdos, como texto, imagens ou música.

34   Internet das Coisas (IoT). Rede de dispositivos conectados que coletam e trocam dados.

35   Machine Learning (ML). Campo da IA que permite que os sistemas aprendam com os dados sem programação explícita.

36 Natural Language Processing (NLP). Campo da IA que permite que os computadores entendam e processem a linguagem humana.

37 NoSQL. Bancos de dados não relacionais para dados não estruturados e semiestruturados.

38 Open Data. Dados disponíveis gratuitamente para uso e compartilhamento.

39 Ontologia. Representação formal de conhecimento em um domínio específico.

40 Processamento em Linguagem Natural (PLN). Campo da IA que permite que os computadores entendam e processem a linguagem humana.

41 Realidade Aumentada (RA). Sobreposição de informações digitais no mundo real.

42 Realidade Virtual (RV). Criação de ambientes virtuais imersivos.

43 Regulamentação Geral de Proteção de Dados (RGPD). Lei da União Europeia que protege a privacidade dos dados pessoais.

44 Sandboxing. Criação de um ambiente isolado para testar softwares e dados sem afetar sistemas de produção.

45 Segurança de Dados. Proteção de dados contra acesso não autorizado, uso indevido ou perda.

46 Sistema de Gerenciamento de Banco de Dados (SGBD). Software para gerenciar e acessar bancos de dados.

47 Streaming de Dados. Processamento de dados em tempo real à medida que são gerados.

48 Taxonomia. Classificação hierárquica de dados e informações.

49 Visualização de Dados. Representação gráfica de dados para facilitar a compreensão e análise.

50 Workflow de Dados. Sequência de etapas para processar e analisar dados.

17 Bibliografia.

BATRA, S.; TYAGI, C. (2021). Deep Learning for Natural Language Processing. Springer.

BERNERS-LEE, T. (2001). The Semantic Web. Scientific American.

BOWKER, G.; STAR, S. L. (1999). Sorting Things Out: Classification and Its Consequences. MIT Press.

Its Consequences. MIT Press.

COHEN, J. E. (2012). Configurando o eu em rede. Lei, Código e o Jogo da Prática Cotidiana. Imprensa da Universidade de Yale.

DAVENPORT, T. H. (1997). Information Ecology: Mastering the Information and Knowledge Environment. Oxford University Press.

DAVENPORT, T. H. (2014). Big Data at Work. Harvard Business Review Press.

DAVENPORT, T. H.; HARRIS, J. G. (2007). Competing on Analytics: The New Science of Winning. Harvard Business Review Press.

DAVENPORT, T. H.; PRUSAK, L. (2000). Conhecimento empresarial: Como as organizações gerenciam o seu capital intelectual. Rio de Janeiro: Campus.

FLORIDI, L. (2014). The Philosophy of Information. Oxford University Press.

FLORIDI, L. (2014). The Philosophy of Information. Oxford University Press.

HINTON, G.; LECUN, Y.; BENGIO, Y. (2015). Deep Learning. Nature, 521(7553), 436-444.

KOTTER, J. P. (1996). Leading Change. Harvard Business Review Press.

LECUN, Y.; HINTON, G.; BENGIO, Y. (2015). Deep Learning. Nature, 521(7553), 436-444.

LEWIN, K. (1947). Frontiers in Group Dynamics. Human Relations.

NAKAMOTO, S. (2008). Bitcoin: A Peer-to-Peer Electronic Cash System.

NONAKA, I.; TAKEUCHI, H. (1995). The Knowledge-Creating Company. Oxford University Press.

SCHNEIER, B. (2015). Data and Goliath: The Hidden Battles to Collect Your Data and Control Your World. W.W. Norton & Company.

SENGE, P. M. (1990). The Fifth Discipline: The Art & Practice of The Learning Organization. Doubleday.

SHANNON, C. (1948). A Mathematical Theory of Communication. Bell System Technical Journal.

WEINBERGER, D. (2011). Too Big to Know. Basic Books.

ZUBOFF, S. (2019). The Age of Surveillance Capitalism. PublicAffairs.

18 Conheça a coleção Governança de Dados: O Conhecimento Que Destaca Empresas e Profissionais na Era da Informação.

A informação é hoje o ativo mais valioso. Como consequência a governança de dados não é mais um diferencial – é uma necessidade inegociável. A coleção Governança de Dados, à venda na Amazon, oferece uma abordagem completa, técnica e estratégica para quem deseja entender, estruturar e aplicar os princípios da governança de dados no cenário corporativo e acadêmico.

Seja você um gestor, cientista de dados, analista de informação ou tomador de decisões estratégicas, esta coleção é indispensável para dominar a qualidade, segurança, semântica e padronização dos dados.

18.1   O Que Você Vai Encontrar na Coleção?

Cada volume da coleção "Governança de Dados" explora um aspecto essencial desse universo, trazendo conceitos fundamentais, aplicações práticas e reflexões críticas sobre a relação entre informação, tecnologia e sociedade.

Invista no Seu Conhecimento e Destaque-se na Era da Informação!

- A Coleção Governança de Dados é mais do que um conjunto de livros – é um passaporte para o domínio da informação em um mundo cada vez mais orientado por dados.

- Aprenda com um especialista reconhecido na área de inteligência de dados, semântica e governança corporativa: o Prof. Marcão.

- Tenha acesso a conteúdo de alta qualidade, baseado nos padrões mais atuais e aplicáveis ao mercado.

- Transforme sua visão sobre governança e estruturação de dados, ganhando vantagem competitiva na sua carreira.

GARANTA AGORA SUA COLEÇÃO COMPLETA NA AMAZON!

18.2   Por Que Esta Coleção é Essencial Para Você?

Aprofunde Seu Conhecimento!

Mais do que livros, esta coleção oferece uma jornada de aprendizado estruturada, guiando o leitor da fundamentação teórica até a aplicação prática da governança de dados.

Aplicação Prática e Direta!

Empresas que adotam boas práticas de governança de dados têm 40% menos riscos de inconsistência em processos de tomada de decisão e aumentam em 30% a eficiência de suas operações de dados. Esta coleção ensina como aplicar governança na realidade corporativa.

Posicione-se à Frente do Mercado!

A cultura data-driven é um dos pilares da transformação digital. Profissionais que dominam a gestão da informação são cada vez mais valorizados em setores como bancos, saúde, tecnologia e serviços públicos.

Conecte Dados e Estratégia!

As organizações mais inovadoras do mundo – Amazon, Google, Microsoft e IBM – fundamentam suas operações em dados estruturados, semântica inteligente e governança robusta. Com essa coleção, você aprenderá como essas empresas transformam dados em vantagem competitiva.

Adapte-se ao Futuro da Informação!

Com a ascensão da Inteligência Artificial e da Web 3.0, a padronização semântica e a governança de dados se tornaram fundamentais para a interoperabilidade e confiabilidade das

18.3   Conheça os livros da Coleção.

18.3.1 FUNDAMENTOS DA GOVERNANÇA DE DADOS.

Descubra o poder oculto da governança de dados eficaz! Este livro revela os segredos que separam organizações de elite das medianas, oferecendo uma visão completa sobre modelagem, qualidade e frameworks essenciais como DAMA-DMBOK e ISO 8000.

Em um mundo onde dados ruins custam milhões, você não pode ignorar os fundamentos apresentados aqui. Aprenda a estruturar informações que garantem decisões precisas e confiáveis.

A revolução digital exige profissionais que dominem estas técnicas. Seja você quem lidera esta transformação ou ficará para trás. Invista agora no conhecimento que será seu diferencial competitivo e abra portas para oportunidades que outros sequer enxergam.

18.3.2 INFORMAÇÃO - CIÊNCIA DA INFORMAÇÃO – TECNOLOGIA – PROFISSÃO: CONCEITOS EXPLICADOS.

ALERTA: Enquanto você lê isto, 87% das carreiras estão sendo silenciosamente redefinidas pela revolução informacional! Este guia essencial revela os conceitos que separam líderes de seguidores na nova economia.

Desvende a verdadeira natureza da informação que as grandes organizações já exploram como vantagem competitiva. Entenda por que a Ciência da Informação se tornou o diferencial invisível dos profissionais mais requisitados.

As habilidades mais valorizadas do mercado estão aqui! Dominar estes conceitos não é opcional - é a diferença entre prosperar ou desaparecer profissionalmente.

Os visionários já perceberam: quem compreende estes fundamentos hoje controlará os recursos mais valiosos de amanhã. Invista agora no conhecimento que abrirá portas que outros nem saberão que existem!

18.3.3 INFORMAÇÃO DESCOMPLICADA - GLOSSÁRIO E RESPOSTAS ÀS PERGUNTAS FREQUENTES.

O dicionário secreto que os especialistas em dados não querem que você conheça! Desvende instantaneamente termos técnicos que bloqueiam seu avanço profissional e o impedem de participar das discussões estratégicas.

Enquanto outros gastam horas pesquisando conceitos como "data lineage" e "modelagem semântica", você terá respostas imediatas e exemplos práticos na ponta dos dedos. Este guia transforma confusão em clareza em segundos!

Imagine impressionar colegas e superiores com seu domínio sobre IA e governança de dados. As oportunidades que surgirão quando você falar com confiança a linguagem dos especialistas!

Não perca mais tempo tentando decifrar termos complexos. Invista agora neste atalho essencial para sua evolução profissional!

18.3.4 PALAVRAS E ABREVIATURAS PARA GOVERNANÇA DE BASES DE DADOS.

O dicionário técnico que todo profissional de dados precisa dominar para não ficar para trás! Enquanto seus colegas tropeçam em siglas como ETL, Data Mesh e GDPR, você terá respostas instantâneas que impressionarão líderes e equipes.

Imagine ter na ponta dos dedos definições precisas que transformam reuniões confusas em decisões estratégicas. Este guia essencial traduz a complexa linguagem da governança de dados em conhecimento acionável.

As empresas líderes já sabem: profissionais que dominam estes termos são os únicos capazes de navegar com segurança pelo labirinto regulatório moderno (ISO 8000, LGPD, Basel III).

Não arrisque sua carreira com lacunas de conhecimento em um campo onde precisão terminológica significa conformidade ou multas milionárias!

18.3.5 SEMÂNTICA E PODER DOS DADOS: CONSISTÊNCIA, GOVERNANÇA E PADRONIZAÇÃO.

Por que algumas empresas extraem bilhões de suas informações enquanto outras afundam em dados sem valor? Este guia essencial expõe como a semântica dos dados silenciosamente determina vencedores e perdedores na era digital.

Descubra como modelos RDF e OWL transformam dados caóticos em ouro estratégico. Enquanto amadores discutem volume de dados, profissionais visionários dominam a consistência semântica que impulsiona IA e análises preditivas precisas.

A Web 3.0 já está aqui e apenas organizações com governança semântica sobreviverão! Não arrisque ficar para trás enquanto seus concorrentes conquistam interoperabilidade perfeita entre sistemas.

Invista agora no conhecimento que separa líderes digitais de seguidores obsoletos!

18.3.6 ARQUITETURA DA INFORMAÇÃO: ESTRUTURANDO O CONHECIMENTO CORPORATIVO.

DESCUBRA por que algumas empresas extraem bilhões de suas informações enquanto outras afundam em dados sem valor! Este guia definitivo expõe como a arquitetura da informação silenciosamente determina os líderes de mercado.

Domine taxonomias e ontologias que transformam dados caóticos em decisões precisas. Enquanto seus concorrentes ainda debatem conceitos básicos, você implementará frameworks avançados como Data Fabric e Data Mesh já testados por organizações de elite.

Os CDOs mais bem-sucedidos já sabem: estruturar o conhecimento corporativo não é apenas uma vantagem técnica – é a diferença entre sobreviver ou liderar na economia digital.

Invista agora no conhecimento que transforma informação em seu ativo mais valioso!

18.3.7 ATIVOS OCULTOS – O DESAFIO DA GOVERNANÇA ALÉM DOS BANCOS DE DADOS.

Sua organização está deixando milhões em valor escondido nos dados que ninguém vê! Enquanto você foca apenas em bancos estruturados, a verdadeira vantagem competitiva permanece invisível em três tesouros ignorados: dados não estruturados, semiestruturados e conhecimento tácito de sua equipe.

Os líderes visionários já descobriram: quem mapeia e governa estes ativos ocultos domina o mercado silenciosamente. Este guia revolucionário revela métodos comprovados para transformar e-mails, documentos e a experiência de seus colaboradores em decisões estratégicas superiores.

A nova economia pertence a quem enxerga além das tabelas! Não arrisque ficar para trás enquanto seus concorrentes exploram riquezas informacionais que você nem percebe que possui.

Invista agora no conhecimento que transformará dados invisíveis em seu ativo mais valioso!

18.3.8   O FATOR HUMANO NA GOVERNANÇA DE DADOS.

Este livro inovador revela como pessoas e decisões conscientes podem transformar sua estratégia de dados. Com foco na cultura organizacional, ética e gestão da mudança, a obra é leitura obrigatória para Chief Data Officers, gestores, cientistas e analistas que desejam ir além dos frameworks técnicos.

Descubra como a maturidade da governança depende da compreensão profunda dos desafios éticos, da responsabilidade na democratização do acesso aos dados e da capacidade de liderança.

Este livro convida você a refletir e agir: coloque o ser humano no centro das decisões e conquiste resultados sólidos e sustentáveis.

18.3.9   Coleção ONTOLOGIA PARA GOVERNANÇA DE DADOS.

No universo corporativo atual, onde dados abundam, mas insights são escassos, a compreensão ontológica da informação emerge como a competência diferenciadora entre profissionais comuns e líderes visionários.

A coleção "Ontologia para Governança de Dados" do Prof. Marcão revela os paradigmas que estão revolucionando como organizações inovadoras estruturam e alavancam seus ativos de conhecimento. Cada volume conciso desdobra elementos cruciais deste campo - desde fundamentos filosóficos até implementações práticas - com aplicabilidade imediata.

Para CDOs e arquitetos, estes livros oferecem soluções para desafios de interoperabilidade semântica. Para cientistas de dados, revelam como estruturas ontológicas potencializam algoritmos de machine learning. Para executivos, apresentam o caminho para transformar dados fragmentados em conhecimento acionável.

Adquira agora a coleção e transforme-se no arquiteto do conhecimento que sua organização precisa.

A coleção é composta dos seguintes livros:

1 - FUNDAMENTOS DA ONTOLOGIA PARA GOVERNANÇA DE DADOS.

Explora como a estruturação semântica e a padronização da informação potencializam a qualidade, a interoperabilidade e a inteligência dos dados, tornando a governança mais eficiente e estratégica.

2 - APLICAÇÕES PRÁTICAS E METODOLOGIAS DE DESENVOLVIMENTO DE ONTOLOGIAS.

Apresenta estratégias e frameworks para modelagem semântica eficaz, garantindo interoperabilidade, padronização e inteligência na gestão e governança de dados.

3 - ESTUDOS DE CASO EM ENGENHARIA DE ONTOLOGIAS.

Aborda implementações reais de ontologias, demonstrando como a modelagem semântica transforma a governança de dados, a interoperabilidade e a inteligência organizacional em diferentes setores.

4 - ASPECTOS TÉCNICOS AVANÇADOS, FERRAMENTAS E O FUTURO DAS ONTOLOGIAS.

A obra se aprofunda nas tecnologias emergentes, frameworks e metodologias de ponta para desenvolvimento e gestão de ontologias, destacando tendências que moldarão a governança de dados e a inteligência artificial.

18.3.10 MONETIZAÇÃO E MODELOS DE NEGÓCIO BASEADOS EM INFORMAÇÃO.

Guia indispensável para entender como empresas, plataformas e governos estão lucrando com a economia dos dados. Voltado a executivos, especialistas em negócios digitais e pesquisadores, oferece estratégias poderosas para monetizar informações, destacando desafios éticos e regulatórios, inteligência artificial, blockchain e infraestrutura tecnológica essencial.

Aprenda com casos reais das maiores empresas do mundo e descubra como transformar dados em riqueza, criando vantagens competitivas sólidas, seguras e sustentáveis no cenário digital.

18.3.11 GUIA DE IMPLANTAÇÃO DE GOVERNANÇA DE DADOS.

Guia essencial para organizações que desejam implementar, na prática, uma governança de dados estruturada e eficiente.

Direcionado a gestores, analistas e profissionais de TI, o livro fornece um passo a passo detalhado: avalie rapidamente a maturidade atual, defina claramente papéis e responsabilidades criando um Data Governance Office (DGO), implemente políticas eficazes de acesso, privacidade e conformidade regulatória, além de aprender a monitorar resultados com métricas práticas.

Converta teoria em resultados reais e torne sua empresa referência em gestão estratégica de dados.

19 Coleção Big Data: Desvendando o Futuro dos Dados em uma Coleção Essencial.

A coleção "Big Data" foi criada para ser um guia indispensável para profissionais, estudantes e entusiastas que desejam navegar com confiança no vasto e fascinante universo dos dados. Em um mundo cada vez mais digital e interconectado, o Big Data não é apenas uma ferramenta, mas uma estratégia fundamental para a transformação de negócios, processos e decisões. Esta coleção se propõe a simplificar conceitos complexos e capacitar seus leitores a transformar dados em insights valiosos.

Cada volume da coleção aborda um componente essencial dessa área, combinando teoria e prática para oferecer uma compreensão ampla e integrada. Você encontrará temas como:

Além de explorar os fundamentos, a coleção também se projeta para o futuro, com discussões sobre tendências emergentes, como a integração de inteligência artificial, análise de texto e a governança em ambientes cada vez mais dinâmicos e globais.

Seja você um gestor buscando maneiras de otimizar processos, um cientista de dados explorando novas técnicas ou um iniciante curioso para entender o impacto dos dados no cotidiano, a coleção Big Data é a parceira ideal nessa jornada. Cada livro foi desenvolvido com uma linguagem acessível, mas tecnicamente sólida, permitindo que leitores de todos os níveis avancem em suas compreensões e habilidades.

Prepare-se para dominar o poder dos dados e se destacar em um mercado que não para de evoluir. A coleção Big Data está disponível na Amazon e é a chave para desvendar o futuro da inteligência impulsionada por dados.

19.1   Por Que Esta Coleção é Essencial Para Você?

A coleção Big Data foi concebida para atender a um público diverso, que compartilha o objetivo de entender e aplicar o poder dos dados em um mundo cada vez mais orientado por informações. Seja você um profissional experiente ou alguém começando sua jornada na área de tecnologia e dados, esta coleção oferece insights valiosos, exemplos práticos e ferramentas indispensáveis.

1. Profissionais de Tecnologia e Dados.

Cientistas de dados, engenheiros de dados, analistas e desenvolvedores encontrarão na coleção os fundamentos necessários para dominar conceitos como Big Data Analytics, computação distribuída, Hadoop e ferramentas avançadas. Cada volume aborda tópicos técnicos de forma prática, com explicações claras e exemplos que podem ser aplicados no dia a dia.

2. Gestores e Líderes Organizacionais.

Para líderes e gestores, a coleção oferece uma visão estratégica sobre como implementar e gerenciar projetos de Big Data. Os livros mostram como utilizar dados para otimizar processos, identificar oportunidades e tomar decisões embasadas. Exemplos reais ilustram como empresas têm usado o Big Data para transformar seus negócios em setores como varejo, saúde e meio ambiente.

3. Empreendedores e Pequenas Empresas.

Empreendedores e donos de pequenas empresas que desejam alavancar o poder dos dados para melhorar sua competitividade também podem se beneficiar. A coleção apresenta estratégias práticas para usar o Big Data de forma escalável, desmistificando a ideia de que essa tecnologia é exclusiva para grandes corporações.

4. Estudantes e Iniciantes na Área.

Se você é um estudante ou está começando a explorar o universo do Big Data, esta coleção é o ponto de partida perfeito. Com uma linguagem acessível e exemplos práticos, os livros tornam conceitos complexos mais compreensíveis, preparando você para mergulhar mais fundo na ciência de dados e na inteligência artificial.

5. Curiosos e Entusiastas de Tecnologia.

Para aqueles que, mesmo fora do ambiente corporativo ou acadêmico, têm interesse em entender como o Big Data está moldando o mundo, a coleção oferece uma introdução fascinante e educativa. Descubra como os dados estão transformando áreas tão diversas quanto saúde, sustentabilidade e comportamento humano.

Independentemente do seu nível de conhecimento ou do setor em que atua, a coleção Big Data foi criada para capacitar seus leitores com informações práticas, tendências emergentes e uma visão abrangente sobre o futuro dos dados. Se você busca compreender e aplicar o poder do Big Data para crescer profissionalmente ou transformar seu negócio, esta coleção é para você. Disponível na Amazon, ela é o guia essencial para dominar o impacto dos dados na era digital.

19.2   Conheça os livros da Coleção.

19.2.1   SIMPLIFICANDO O BIG DATA EM 7 CAPÍTULOS.

Este livro é um guia essencial para quem deseja compreender e aplicar os conceitos fundamentais do Big Data de forma clara e prática. Em um formato direto e acessível, o livro aborda desde os pilares teóricos, como os 5 Vs do Big Data, até ferramentas e técnicas modernas, incluindo Hadoop e Big Data Analytics.

Explorando exemplos reais e estratégias aplicáveis em áreas como saúde, varejo e meio ambiente, esta obra é ideal para profissionais de tecnologia, gestores, empreendedores e estudantes que buscam transformar dados em insights valiosos.

Com uma abordagem que conecta teoria e prática, este livro é o ponto de partida perfeito para dominar o universo do Big Data e alavancar suas possibilidades.

19.2.2 GESTÃO DE BIG DATA.

Este livro oferece uma abordagem prática e abrangente para atender a um público diversificado, desde analistas iniciantes a gestores experientes, estudantes e empreendedores.

Com foco na gestão eficiente de grandes volumes de informações, esta obra apresenta análises profundas, exemplos reais, comparações entre tecnologias como Hadoop e Apache Spark, e estratégias práticas para evitar armadilhas e impulsionar o sucesso.

Cada capítulo é estruturado para fornecer insights aplicáveis, desde os fundamentos até ferramentas avançadas de análise.

19.2.3 ARQUITETURA DE BIG DATA.

Este livro destina-se a um público diversificado, incluindo arquitetos de dados que precisam construir plataformas robustas, analistas que desejam entender como camadas de dados se integram e executivos que buscam embasamento para decisões informadas. Estudantes e pesquisadores em ciência da computação, engenharia de dados e administração também encontrarão aqui uma referência sólida e atualizada.

O conteúdo combina abordagem prática e rigor conceitual. Você será guiado desde os fundamentos, como os 5 Vs do Big Data, até a complexidade das arquiteturas em camadas, abrangendo infraestrutura, segurança, ferramentas analíticas e padrões de armazenamento como Data Lake e Data Warehouse. Além disso, exemplos claros, estudos de caso reais e comparações tecnológicas ajudarão a transformar conhecimento teórico em aplicações práticas e estratégias eficazes.

19.2.4 IMPLEMENTAÇÃO DE BIG DATA.

Este volume foi cuidadosamente elaborado para ser um guia prático e acessível, conectando a teoria à prática para profissionais e estudantes que desejam dominar a implementação estratégica de soluções de Big Data.

Ele aborda desde a análise de qualidade e integração de dados até temas como processamento em tempo real, virtualização, segurança e governança, oferecendo exemplos claros e aplicáveis.

19.2.5 ESTRATÉGIAS PARA REDUZIR CUSTOS E MAXIMIZAR INVESTIMENTOS DE BIG DATA.

Com uma abordagem prática e fundamentada, esta obra oferece análises detalhadas, estudos de caso reais e soluções estratégicas para gestores de TI, analistas de dados, empreendedores e profissionais de negócios.

Este livro é um guia indispensável para entender e otimizar os custos associados à implementação de Big Data, abordando desde armazenamento e processamento até estratégias específicas para pequenas empresas e análise de custos em nuvem.

Como parte da coleção "Big Data", ele se conecta a outros volumes que exploram profundamente as dimensões técnicas e estratégicas do campo, formando uma biblioteca essencial para quem busca dominar os desafios e oportunidades da era digital.

19.2.6   Coleção 700 perguntas de Big Data.

Esta coleção foi projetada para proporcionar um aprendizado dinâmico, desafiador e prático. Com 700 perguntas estrategicamente elaboradas e distribuídas em 5 volumes, ela permite que você avance no domínio do Big Data de forma progressiva e engajante. Cada resposta é uma oportunidade de expandir sua visão e aplicar conceitos de maneira realista e eficaz.

A coleção é composta dos seguintes livros:

1   BIG DATA: 700 PERGUNTAS - VOLUME 1.

Trata da informação como matéria-prima de tudo, dos conceitos fundamentais e das aplicações de Big Data.

2   BIG DATA: 700 PERGUNTAS - VOLUME 2.

Aborda o Big Data no contexto da ciência da informação, tendências tecnológicas de dados e analytcs, Augmented analytics, inteligência contínua, computação distribuída e latência.

3   BIG DATA: 700 PERGUNTAS - VOLUME 3.

Contempla os aspectos tecnológicos e de gestão do Big Data, data mining, árvores de classificação, regressão logística e profissões no contexto do Big Data.

4 BIG DATA: 700 PERGUNTAS - VOLUME 4.

Trata dos requisitos para gestão de Big Data, as estruturas de dados utilizadas, as camadas da arquitetura e de armazenamento, Business intelligence no contexto do Big Data e virtualização de aplicativos.

5 BIG DATA: 700 PERGUNTAS - VOLUME 5.

O livro trata de SAAS, IAAS E PAAS, implementação de Big Data, custos gerais e ocultos, Big Data para pequenas empresas, segurança digital e data warehouse no contexto do Big Data.

19.2.7 GLOSSÁRIO DE BIG DATA.

Obra essencial para entender e dominar o universo do Big Data, oferecendo clareza prática sobre termos técnicos fundamentais. Com definições objetivas, exemplos reais e organização intuitiva, este glossário facilita a transformação de conceitos complexos em insights estratégicos.

Ideal para desenvolvedores, engenheiros de dados, gestores e curiosos que desejam explorar o potencial transformador dos dados, elevando rapidamente sua compreensão e tornando você mais competitivo em um mercado cada vez mais orientado por informação.

20 Descubra a Coleção "Inteligência Artificial e o Poder dos Dados" – Um Convite para Transformar sua Carreira e Conhecimento.

A Coleção "Inteligência Artificial e o Poder dos Dados" foi criada para quem deseja não apenas entender a Inteligência Artificial (IA), mas também aplicá-la de forma estratégica e prática.

Em uma série de volumes cuidadosamente elaborados, desvendo conceitos complexos de maneira clara e acessível, garantindo ao leitor uma compreensão completa da IA e de seu impacto nas sociedades modernas.

Não importa seu nível de familiaridade com o tema: esta coleção transforma o difícil em didático, o teórico em aplicável e o técnico em algo poderoso para sua carreira.

20.1 Por Que Comprar Esta Coleção?

Estamos vivendo uma revolução tecnológica sem precedentes, onde a IA é a força motriz em áreas como medicina, finanças, educação, governo e entretenimento.

A coleção "Inteligência Artificial e o Poder dos Dados" mergulha profundamente em todos esses setores, com exemplos práticos e reflexões que vão muito além dos conceitos tradicionais.

Você encontrará tanto o conhecimento técnico quanto as implicações éticas e sociais da IA incentivando você a ver essa tecnologia não apenas como uma ferramenta, mas como um verdadeiro agente de transformação.

Cada volume é uma peça fundamental deste quebra-cabeça inovador: do aprendizado de máquina à governança de dados e da ética à aplicação prática.

Com a orientação de um autor experiente, que combina pesquisa acadêmica com anos de atuação prática, esta coleção é mais do que um conjunto de livros – é um guia indispensável para quem quer navegar e se destacar nesse campo em expansão.

20.2   Para quem é esta Coleção?

Esta coleção é para todos que desejam ter um papel de destaque na era da IA:

✓ Profissionais da Tecnologia: recebem insights técnicos profundos para expandir suas habilidades.

✓ Estudantes e Curiosos: têm acesso a explicações claras que facilitam o entendimento do complexo universo da IA.

✓ Gestores, líderes empresariais e formuladores de políticas também se beneficiarão da visão estratégica sobre a IA, essencial para a tomada de decisões bem-informadas.

✓ Profissionais em Transição de Carreira: Profissionais em transição de carreira ou interessados em se especializar em IA encontram aqui um material completo para construir sua trajetória de aprendizado.

20.3   Muito Mais do Que Técnica – Uma Transformação Completa.

Esta coleção não é apenas uma série de livros técnicos; é uma ferramenta de crescimento intelectual e profissional.

Com ela, você vai muito além da teoria: cada volume convida a uma reflexão profunda sobre o futuro da humanidade em um mundo onde máquinas e algoritmos estão cada vez mais presentes.

Seja um líder em seu setor, domine as habilidades que o mercado exige e prepare-se para o futuro com a coleção "Inteligência Artificial e o Poder dos Dados".

21 Os Livros da Coleção.

21.1 DADOS, INFORMAÇÃO E CONHECIMENTO NA ERA DA INTELIGÊNCIA ARTIFICIAL.

Este livro explora de forma essencial as bases teóricas e práticas da Inteligência Artificial, desde a coleta de dados até sua transformação em inteligência. Ele foca, principalmente, no aprendizado de máquina, no treinamento de IA e nas redes neurais.

21.2 DOS DADOS EM OURO: COMO TRANSFORMAR INFORMAÇÃO EM SABEDORIA NA ERA DA IA.

Este livro oferece uma análise crítica sobre a evolução da Inteligência Artificial, desde os dados brutos até a criação de sabedoria artificial, integrando redes neurais, aprendizado profundo e modelagem de conhecimento.

Apresenta exemplos práticos em saúde, finanças e educação, e aborda desafios éticos e técnicos.

21.3 DESAFIOS E LIMITAÇÕES DOS DADOS NA IA.

O livro oferece uma análise profunda sobre o papel dos dados no desenvolvimento da IA explorando temas como qualidade, viés, privacidade, segurança e escalabilidade com estudos de caso práticos em saúde, finanças e segurança pública.

21.4 DADOS HISTÓRICOS EM BASES DE DADOS PARA IA: ESTRUTURAS, PRESERVAÇÃO E EXPURGO.

Este livro investiga como a gestão de dados históricos é essencial para o sucesso de projetos de IA. Aborda a relevância das normas ISO para garantir qualidade e segurança, além de analisar tendências e inovações no tratamento de dados.

21.5 VOCABULÁRIO CONTROLADO PARA DICIONÁRIO DE DADOS: UM GUIA COMPLETO.

Este guia completo explora as vantagens e desafios da implementação de vocabulários controlados no contexto da IA e da ciência da informação. Com uma abordagem detalhada, aborda desde a nomeação de elementos de dados até as interações entre semântica e cognição.

21.6 CURADORIA E ADMINISTRAÇÃO DE DADOS PARA A ERA DA IA.

Esta obra apresenta estratégias avançadas para transformar dados brutos em insights valiosos, com foco na curadoria meticulosa e administração eficiente dos dados. Além de soluções técnicas, aborda questões éticas e legais, capacitando o leitor a enfrentar os desafios complexos da informação.

21.7 ARQUITETURA DE INFORMAÇÃO.

A obra aborda a gestão de dados na era digital, combinando teoria e prática para criar sistemas de IA eficientes e escaláveis, com insights sobre modelagem e desafios éticos e legais.

21.8 FUNDAMENTOS: O ESSENCIAL PARA DOMINAR A INTELIGÊNCIA ARTIFICIAL.

Uma obra essencial para quem deseja dominar os conceitos-chave da IA, com uma abordagem acessível e exemplos práticos.

O livro explora inovações como Machine Learning e Processamento de Linguagem Natural, além dos desafios éticos e legais e oferece uma visão clara do impacto da IA em diversos setores.

21.9 LLMS - MODELOS DE LINGUAGEM DE GRANDE ESCALA.

Este guia essencial ajuda a compreender a revolução dos Modelos de Linguagem de Grande Escala (LLMs) na IA.

O livro explora a evolução dos GPTs e as últimas inovações em interação humano-computador, oferecendo insights práticos sobre seu impacto em setores como saúde, educação e finanças.

21.10 MACHINE LEARNING: FUNDAMENTOS E AVANÇOS.

Este livro oferece uma visão abrangente sobre algoritmos supervisionados e não supervisionados, redes neurais profundas e aprendizado federado. Além de abordar questões de ética e explicabilidade dos modelos.

21.11 POR DENTRO DAS MENTES SINTÉTICAS.

Este livro revela como essas 'mentes sintéticas' estão redefinindo a criatividade, o trabalho e as interações humanas. Esta obra apresenta uma análise detalhada dos desafios e oportunidades proporcionados por essas tecnologias, explorando seu impacto profundo na sociedade.

21.12   A QUESTÃO DOS DIREITOS AUTORAIS.

Este livro convida o leitor a explorar o futuro da criatividade em um mundo onde a colaboração entre humanos e máquinas é uma realidade, abordando questões sobre autoria, originalidade e propriedade intelectual na era das IAs generativas.

21.13   1121 PERGUNTAS E RESPOSTAS: DO BÁSICO AO COMPLEXO– PARTE 1 A 4.

Organizadas em quatro volumes, estas perguntas servem como guias práticos essenciais para dominar os principais conceitos da IA.

A Parte 1 aborda informação, dados, geoprocessamento, a evolução da inteligência artificial, seus marcos históricos e conceitos básicos.

A Parte 2 aprofunda-se em conceitos complexos como aprendizado de máquina, processamento de linguagem natural, visão computacional, robótica e algoritmos de decisão.

A Parte 3 aborda questões como privacidade de dados, automação do trabalho e o impacto de modelos de linguagem de grande escala (LLMs).

Parte 4 explora o papel central dos dados na era da inteligência artificial, aprofundando os fundamentos da IA e suas aplicações em áreas como saúde mental, governo e combate à corrupção.

21.14   O GLOSSÁRIO DEFINITIVO DA INTELIGÊNCIA ARTIFICIAL.

Este glossário apresenta mais de mil conceitos de inteligência artificial explicados de forma clara, abordando temas como Machine Learning, Processamento de Linguagem Natural, Visão Computacional e Ética em IA.

- A parte 1 contempla conceitos iniciados pelas letras de A a D.
- A parte 2 contempla conceitos iniciados pelas letras de E a M.
- A parte 3 contempla conceitos iniciados pelas letras de N a Z.

21.15   ENGENHARIA DE PROMPT - VOLUMES 1 A 6.

Esta coleção abrange todos os fundamentos da engenharia de prompt, proporcionando uma base completa para o desenvolvimento profissional.

Com uma rica variedade de prompts para áreas como liderança, marketing digital e tecnologia da informação, oferece exemplos práticos para melhorar a clareza, a tomada de decisões e obter insights valiosos.

Os volumes abordam os seguintes assuntos:

- Volume 1: Fundamentos. Conceitos Estruturadores e História da Engenharia de Prompt.
- Volume 2: Segurança e Privacidade em IA.
- Volume 3: Modelos de Linguagem, Tokenização e Métodos de Treinamento.
- Volume 4: Como Fazer Perguntas Corretas.
- Volume 5: Estudos de Casos e Erros.
- Volume 6: Os Melhores Prompts.

21.16   GUIA PARA SER UM ENGENHEIRO DE PROMPT – VOLUMES 1 E 2.

A coleção explora os fundamentos avançados e as habilidades necessárias para ser um engenheiro de prompt bem-sucedido, destacando os benefícios, riscos e o papel crítico que essa função desempenha no desenvolvimento da inteligência artificial.

O Volume 1 aborda a elaboração de prompts eficazes, enquanto o Volume 2 é um guia para compreender e aplicar os fundamentos da Engenharia de Prompt.

21.17   GOVERNANÇA DE DADOS COM IA – VOLUMES 1 A 3.

Descubra como implementar uma governança de dados eficaz com esta coleção abrangente. Oferecendo orientações práticas, esta coleção abrange desde a arquitetura e organização de dados até a proteção e garantia de qualidade, proporcionando uma visão completa para transformar dados em ativos estratégicos.

O volume 1 aborda as práticas e regulações. O volume 2 explora em profundidade os processos, técnicas e melhores práticas para realizar auditorias eficazes em modelos de dados. O volume 3 é seu guia definitivo para implantação da governança de dados com IA.

21.18   GOVERNANÇA DE ALGORITMOS.

Este livro analisa o impacto dos algoritmos na sociedade, explorando seus fundamentos e abordando questões éticas e regulatórias. Aborda transparência, accountability e vieses, com soluções práticas para auditar e monitorar algoritmos em setores como finanças, saúde e educação.

21.19   DE PROFISSIONAL DE TI PARA EXPERT EM IA: O GUIA DEFINITIVO PARA UMA TRANSIÇÃO DE CARREIRA BEM-SUCEDIDA.

Para profissionais de Tecnologia da Informação, a transição para a IA representa uma oportunidade única de aprimorar habilidades e contribuir para o desenvolvimento de soluções inovadoras que moldam o futuro.

Neste livro, investigamos os motivos para fazer essa transição, as habilidades essenciais, a melhor trilha de aprendizado e as perspectivas para o futuro do mercado de trabalho em TI.

21.20 LIDERANÇA INTELIGENTE COM IA: TRANSFORME SUA EQUIPE E IMPULSIONE RESULTADOS.

Este livro revela como a inteligência artificial pode revolucionar a gestão de equipes e maximizar o desempenho organizacional.

Combinando técnicas de liderança tradicionais com insights proporcionados pela IA, como a liderança baseada em análise preditiva, você aprenderá a otimizar processos, tomar decisões mais estratégicas e criar equipes mais eficientes e engajadas.

21.21 IMPACTOS E TRANSFORMAÇÕES: COLEÇÃO COMPLETA.

Esta coleção oferece uma análise abrangente e multifacetada das transformações provocadas pela Inteligência Artificial na sociedade contemporânea.

- Volume 1: Desafios e Soluções na Detecção de Textos Gerados por Inteligência Artificial.
- Volume 2: A Era das Bolhas de Filtro. Inteligência Artificial e a Ilusão de Liberdade.
- Volume 3: Criação de Conteúdo com IA - Como Fazer?
- Volume 4: A Singularidade Está Mais Próxima do que Você Imagina.
- Volume 5: Burrice Humana versus Inteligência Artificial.
- Volume 6: A Era da Burrice! Um Culto à Estupidez?
- Volume 7: Autonomia em Movimento: A Revolução dos Veículos Inteligentes.
- Volume 8: Poiesis e Criatividade com IA.
- Volume 9: Dupla perfeita: IA + automação.

- Volume 10: Quem detém o poder dos dados?

21.22   BIG DATA COM IA: COLEÇÃO COMPLETA.

A coleção aborda desde os fundamentos tecnológicos e a arquitetura de Big Data até a administração e o glossário de termos técnicos essenciais.

A coleção também discute o futuro da relação da humanidade com o enorme volume de dados gerados nas bases de dados de treinamento em estruturação de Big Data.

- Volume 1: Fundamentos.
- Volume 2: Arquitetura.
- Volume 3: Implementação.
- Volume 4: Administração.
- Volume 5: Temas Essenciais e Definições.
- Volume 6: Data Warehouse, Big Data e IA.

22 Sobre o Autor.

Sou Marcus Pinto, mais conhecido como Prof. Marcão, especialista em tecnologia da informação, arquitetura da informação e inteligência artificial.

Com mais de quatro décadas de atuação e pesquisa dedicadas, construí uma trajetória sólida e reconhecida, sempre focada em tornar o conhecimento técnico acessível e aplicável a todos os que buscam entender e se destacar nesse campo transformador.

Minha experiência abrange consultoria estratégica, educação e autoria, além de uma atuação extensa como analista de arquitetura de informação.

Essa vivência me capacita a oferecer soluções inovadoras e adaptadas às necessidades em constante evolução do mercado tecnológico, antecipando tendências e criando pontes entre o saber técnico e o impacto prático.

Ao longo dos anos, desenvolvi uma expertise abrangente e aprofundada em dados, inteligência artificial e governança da informação – áreas que se tornaram essenciais para a construção de sistemas robustos e seguros, capazes de lidar com o vasto volume de dados que molda o mundo atual.

Minha coleção de livros, disponível na Amazon, reflete essa expertise, abordando temas como Governança de Dados, Big Data e Inteligência Artificial com um enfoque claro em aplicações práticas e visão estratégica.

Autor de mais de 150 livros, investigo o impacto da inteligência artificial em múltiplas esferas, explorando desde suas bases técnicas até as questões éticas que se tornam cada vez mais urgentes com a adoção dessa tecnologia em larga escala.

Em minhas palestras e mentorias, compartilho não apenas o valor da IA, mas também os desafios e responsabilidades que acompanham sua implementação – elementos que considero essenciais para uma adoção ética e consciente.

Acredito que a evolução tecnológica é um caminho inevitável. Meus livros são uma proposta de guia nesse trajeto, oferecendo insights profundos e acessíveis para quem deseja não apenas entender, mas dominar as tecnologias do futuro.

Com um olhar focado na educação e no desenvolvimento humano, convido você a se unir a mim nessa jornada transformadora, explorando as possibilidades e desafios que essa era digital nos reserva.

23 Como Contatar o Prof. Marcão.

23.1   Para palestras, treinamento e mentoria empresarial.

marcao.tecno@gmail.com

23.2   Prof. Marcão, no Linkedin.

https://bit.ly/linkedin_profmarcao